스포츠,
네버엔딩 스토리

경기장 너머 울리는 삶의 응원가

스포츠,
네버엔딩 스토리
경기장 너머 울리는 삶의 응원가(큰글자도서)

초판인쇄 2023년 9월 30일
초판발행 2023년 9월 30일

지은이 황용필
발행인 채종준
발행처 한국학술정보(주)

주소 경기도 파주시 회동길 230(문발동)
문의 ksibook13@kstudy.com
출판신고 2003년 9월 25일 제406-2003-000012호
인쇄 북토리

ISBN 979-11-6983-672-2 03690

ENJOY SPORTS

BE HAPPY

황용필 지음

스포츠,
네버엔딩 스토리

경기장 너머 울리는 삶의 응원가

이담
Books

Prologue

삶의 저글링

대지에 싹트는 생명 순들을 자세히 보면 오묘한 질서와 조화가 있다. 벗나무처럼 일순간 흐드러지게 꽃부터 피우는 나무가 있는가 하면 감나무처럼 지루할 정도의 시간이 흐른 후에야 비로소 열매를 맺는 나무도 있다. 복을 많이 받고 오래 살라는 뜻을 담은 복수초(福壽草)는 언 땅을 뚫고 제일 먼저 봄을 알리는 전령이다. 국화과의 구절초는 단풍드는 늦가을 섬진강변을 가득 에워싸며 강진 다산초당 길목에는 한겨울에도 아름드리 동백꽃이 탐스럽게 피어난다.

그래서일까? 동양의 지혜서 『채근담』에는 "오래 엎드린 새는 언젠가 높이 날 것이며 먼저 핀 꽃은 그만큼 빨리 진다"고 했다. 삶도 예외가 아닌 듯싶다. 어린 시절 너무 빨리 과거에 급제(少年登科)하는 것이 때론 불행의 씨앗이 되기도 하고 평생 갈 것 같은 쓴 뿌리가 어느샌가는 달콤한 기쁨(苦盡甘來)이 되기도 하는 것이다.

　스포츠 종목에서도 이와 같은 다양한 현상들이 나타난다. 리듬체조나 피겨스케이팅처럼 어린 시절부터 기초를 닦아 10대나 20대 초반에 꽃을 피우는 종목이 있는가 하면 골프, 볼링, 궁도 등 나이가 들수록 내공이 쌓이는 종목도 있다. 선수 개개인으로 볼 때도 혜성같이 나타나 반짝 스타가 되었다가 이내 사라지는 사람이 있고 마치 아랫목에 군불 지피듯 꾸준하게 노력하다가 뒤늦게 두각을 나타내는 늦깎이들이 있다. 그래서 때로는 스포츠가 인생의 단면을 반영하기 한다.

거장의 조건

　"삶의 진정한 비극은 충분한 강점을 갖지 못한 데 있는 것이 아니라 이미 가진 강점을 충분히 활용하지 못하는 데 있다."

　미국 네브래스카대학교에서 교육심리학을 가르치고 SRI(Stanford Research Institute) 경영컨설팅사를 설립한 도널드 클리프턴(Donald Clifton) 박사가 '강점이론(Strengths Theory)'을 내세우기 전에 미국 독립선언의 기초자 벤자민 프랭클린(Benjamin Franklin)이 한 말이다. 강점이론이란 약점을 고치는 데 시간과 돈을 투자하기보다 잘하는 분야에 시간과 에너지를 집중하면 탁월한 성공을 거둘 수 있다는 것이다. 모든 분야를 잘하는 멀티플레이는 전인교육(全人敎育)의 모토이다. 하지만 실제로 약점을 고쳐 평범한 수준에 머물기보다는 잘하는 분야를 발전시키는 것이 더 효율적이며 종국에는 최고의 반열에 오를 수도 있다.

강점이 잘 부각되는 스포츠는 여럿이서 하는 구기 종목이다. 야구의 투수, 축구의 골키퍼, 배구의 세터, 농구의 가드를 보면 자신이 잘하는 분야를 집중적으로 훈련하여 동료들과 서로 협력한다. 그런 분야에 최고가 되기 위해서는 몇 가지 조건이 있다. 선천적으로 뛰어난 재능을 가지고 태어나거나 꾸준한 노력에 더하여 운이 따르는 것이다. 운을 운운하는 것이 어쩌면 운명론자 같겠지만 '운'이라는 말을 뒤집어 보라. 운도 그만큼 시간과 노력을 투자하면 인생의 '공'이 되는 것이다.

'1만 시간 법칙'이라는 것이 있다. 세계적인 경영사상가이자 저명한 저널리스트인 말콤 글래드웰(Malcolm Gladwell)이 자신의 저서 『아웃라이어』에 소개하여 유명해진 이론이다. 음악, 스포츠, 예술 등의 분야에서 최고 전문가가 되기 위해서는 적어도 1만 시간을 투자해야 한다는 것이다. 그리고 미국의 베스트셀러 작가 로버트 그린(Robert Greene)은 『마스터리의 법칙』에서 모차르트, 찰스 다윈, 토머스 에디슨 등 세대를 초월한 '마스터', 즉 거장의 경지에 이르려면 2만 시간의 혹독한 수련이 뒷받침되어야 한다고 주장했다. 하루 6시간, 일주일 40시간을 10년간 쏟아 부어야 하는 시간이다. 현재 NBA(미국 프로농구 리그)에서 가장 정확한 3점 슈터(Shooter)로 불리는 스테판 커리(Stephen Curry) 역시 시즌 중에는 매일 250개, 비시즌에는 매일 500개를 목표로 슛을 연습한다.

그러나 브룩 맥나마라(Brooke N. Macnamara) 프린스턴대학교 교수와 데이비드 햄브릭(David Z. Hambrick) 미시간주립대학교 교수 등의 연구팀이 조사한 결과에 따르면 학술 분야에서 노력한 시간이 실력의 차이를 결정하는 비율은 4%에 불과하며 음악, 스포츠, 체스 등의 분야에서도 노력시간의 비중은 20~25%에 그쳤다고 한다. 이는 1993년 앤더스 에릭슨(Anders Ericsson) 플로리다주립대학교 교수팀의 "엘리트 연주자와 아마추어 연주자 간의 차이의 80%는 연습시간에 따라 결정된다"는 이론을 뒤집는 것이었다. 맥나마라 교수 등의 연구는 선천적 재능의 중요성을 상기시켰다. 그들은 최고가 되기 위해서는 꾸준한 노력이 필수적이지만 선천적 재능과 어린 시절 도전하는 것이 성공의 요인 가운데 하나라고 강조했다.

그렇다면 거장은 선천적으로 태어난다는 말인가? 하지만 선천적 유전이나 후천적 노력보다 성공에 더 큰 영향을 끼치는 것이 있으니 바로 '재미'다. 결과지향적으로 숙제처럼 노력하는 것보다 축제하듯 과정을 탐구하는 자세가 더 중요하다는 말이다. 공자는 "아는 이는 좋아하는 이보다 못하고, 좋아하는 이는 즐기는 이만 못하다(知之者 不如好之者 好之者 不如樂之者)"고 했다. 하지만 여기에 하나를 추가하자면 광인(狂人), 즉 미치는 사람이 되어야 한다. 그래서 사람들은 "미치지 않으면 미치지 못한다(不狂不及)"고 한다.

스포츠의 가치를 다시 묻다

'서당개 삼 년이면 풍월을 읊는다'고 한다. 나 역시 1992년 국민체육진흥공단에서 직장생활을 시작한 이후 25년 넘게 현장과 강단 등에서 스포츠를 접하다 보니 어렴풋이 스포츠에 대한 안목이 생긴 것 같다. 스포츠는 건강과 정서함양에 기여하고, 국가적·사회적으로는 국위를 선양하고 국민복지를 증진시킨다. 나아가 최근에는 산업 영역까지 확장되었다. 하지만 이와 같은 스포츠의 고유한 기능 외에 스포츠 활동에 참여하고 관람함으로써 얻을 수 있는 부수적인 효과들도 참으로 많다. 우리가 응원했던 스포츠가 이제는 우리를 응원하게 된 것이다. 이것은 일종의 삶의 메시지다.

한 편의 드라마와 같은 스포츠 경기에서는 다 이겼다고 생각해 세리머니를 준비하려는 순간 상황이 역전되기도 하고, 패배의 수렁에서 더는 가망이 없다고 낙담하는 순간 승리의 여신이 손길을 잡아주기도 한다. 이러한 점에서 스포츠는 인생이라는 경연장에서 삶의 묘미를 풍부하게 만드는 레시피, 비법 그 이상이다.

7년 전 스포츠 현장에서 느낀 소회들을 정리한 졸저, 『마이 라이프 마이 스포츠』가 출간된 이후에도 스포츠는 여전히 멈추지 않고 진행되었다. 그래서 나는 그때와 다른 방향에서 스포츠에 관해 이야기 하고 싶어졌다. 우리나라는 월드컵, 세계육상선수권, 동·하계올림픽이라는 스포츠 메가 이벤트의 그랜드슬램을 달성했다. 이와 동시에 한국 스포츠의 환경과 가치 그리고 그 영향력 역시 달라졌다. 이에 스포츠에 대한 다양한 이야기를 나눌 필요가 있다고 생각했다. 개인적으로는 인생의 가운데 단락을 마무리 짓는 시점에 이르다 보니 뭔가 감사의 형식으로도 그 감회를 나누고 싶었다.

이 책은 스포츠 분야에서 일하면서 보고 듣고 체험한 내용을 중심으로 저술하였다. 이를 통해 스포츠가 창출하는 삶의 가치들에 대해 나누고자 했다. 그리고 개인적으로 스포츠가 더는 정치적 논쟁거리나 기능론의 수단으로 여겨지지 않고 삶의 응원가이자 영혼의 서포터가 되었으면 하는 바람이다.

　마지막으로 다시 한번 책을 쓸 수 있게 붙들어준 이담북스 출판사 관계자들에게 감사드린다.

1988 서울 올림픽 대회 개최 30주년 올림픽공원에서
2018 한국 스포츠의 또 다른 30주년 비상을 꿈꾸며

황용필

Contents

프롤로그   4

스포츠 둘러보기   12

01 / Hope

희망

영화 속의 에피소드: 코치 카터의 꿈   33
각본 없는 드라마: 신데렐라 맨   38
희망의 날갯짓: 독수리 에디   43
픽션 속의 논픽션: 희망 이상의 게임   47
넘지 못할 벽은 없다   53

02 / Challenge

도전

끝날 때까지는 끝난 게 아니다   61
아버지의 교훈   69
나는 다만 달릴 뿐이다   74
나이를 초월하는 그 무엇   79
일등경험? 작은 곳에서부터 시작해 봐!   83

03 / Passion

열정

네버엔딩 스토리   91
미쳐야(狂) 미친다(及)   96
Best to Perfect   100
운명의 신이 미안해하기까지   105
목표를 이루는 힘   112

용기

달리는 말은 말굽을 멈추지 않는다	121
챔피언의 비밀	126
'한 방'을 갈망하는 그대에게	132
달팽이의 꿈	137
생각의 마력	142

겸손

겸손은 흙과 같다	151
역설적 행운	158
나무는 단풍을 보듬지 않는다	164
그런 흔적을 가졌는가?	169
나는 가능성이다	175

감동

그들을 움직인 한마디	185
당신은 아직 더 갈 수 있다	191
Remember When	195
다시 일어서리라	200
슬픔에의 위안	204

에필로그	208

스포츠 둘러보기

놀이, 경기 그리고 기분전환

겨나 헝겊 또는 바람을 넣어 만든 가죽 공을 발로 차던 축국(蹴鞠)은 삼국시대 이래 공차기의 전통을 지켜온 대표적인 놀이였다. 그리 오래된 이야기도 아닌 어린 시절의 추억만 되살려 봐도 삼삼오오 모여 돼지 오줌보로 싼 공을 차고 노는 재미가 쏠쏠했다. 공놀이가 차차 사람들의 관심을 끌게 되자 일정한 공간이 필요해졌고 양 끝에 구멍을 파 놓고 서로 편을 나눠 공을 넣는 시합이 되었다. 구경꾼들이 늘어나면서 구멍에 공을 넣는 것이 답답하게 느껴졌다. 눈에 잘 보이게 하기 위해서는 땅 위에 일정한 공간이 필요했고 그렇게 공을 넣는 형태의 골대가 최초로 만들어졌다. 그리고 자연히 땅에서 공중으로 공을 띄우는 새로운 기술이 필요하게 되었다.

남아메리카 옛 부족들의 공놀이는 신화에 뿌리를 두곤 한다. 지하 세

치젠이트사의 구기장

계 신들과의 시합에서 패배해 목숨을 잃기도 하지만 다시 환생해 승리를 거둬 해와 달이 탄생했다는 신화가 있다. 그런 까닭에 과테말라와 온두라스 등 중남미에는 지금도 40여 개의 오래된 공놀이 경기장 터가 있다. 그중 가장 대표적인 것이 멕시코 유카탄(Yucatán) 주 남중부에 있는 치첸이트사(Chichén Itzá)의 구기장이다.

스포츠의 기원은 경쟁 이전에 생존이었다. 먹잇감에 접근한 호모에렉투스는 짧은 순간에 속도와 순발력을 발휘하여 사냥감을 포획해야 했다. 이는 마치 출발선에 선 $100m$ 단거리 선수가 호흡을 정지하고 근육을 오므리면서 폭발적인 에너지를 방출하는 모습과 비슷하다.

그러나 어느 순간, 그들은 수렵만을 위해 달리지 않았다. 먼발치에 있는 바위를 목표로 해 빨리 달리는 사람에게 잡은 고기를 더 많이 주기도 했다. 그러자 달리기는 식량을 얻기 위한 경쟁수단이 되었다. 곧 여기저기서 불만이 터져 나왔다. 남자, 여자, 어린이, 청년, 노인이 똑같은 조건에서 달리는 것은 불합리하다는 주장이었다. 일리가 있다고 생각해 남자와 여자의 구분을 두고 연령대가 비슷한 사람들로 대열을 갖춰 몇 바퀴 돌 것인지 약속을 만들었다. 이제 달리기는 생존의 수단에서 놀이 그리고 규칙이 작용하는 하나의 시합, 제도가 된 것이다.

수렵과 채집을 하는 삶에서 농경문화와 도시와 같은 군락이 형성되기 시작하면서 새로운 질서가 요구되었다. 제례의식은 고대 사회에서 구성원들을 하나로 묶는 좋은 제도였다. 신에 대한 경외는 곧 지도자에 대한 충성과 지지의 또 다른 표현이었다. 그런 제례의식에서 볼거리는 필수적이었다. 예컨대 달리기, 뛰어넘기, 창던지기, 원반던지기, 레슬링, 씨름과 같은 스포츠 활동은 제례의식의 단골 메뉴였다.

고대 희랍의 철학자들에게도 스포츠는 종종 회자되는 주제였다. 플라톤(Plato)은 파이디아(Paidia)를 가벼움, 경쾌함, 즐거움을 담은 고상한 놀이라고 전제하고 훌륭한 교육이란 "정신과 육체를 아울러 튼튼히 하는 것"이라 하였다. 하지만 아리스토텔레스(Aristoteles)는 스파르타인이나 흑해 연안의 몇몇 부족들이 거리낌 없이 너무 가혹한 훈련을 시켰고 아이들을 야수처럼 만들어 고매함을 잃고 있다고 비판했다. 그는 "젊은이에게 체력만 단련시키고 필요한 교과목을 가르치지 않는 것은 사실상 이들을 전쟁 기술자로 타락시키는 것이다"라고 경계했다.

로마시인 유베날리스(Juvenalis)가 말한 "건강한 신체에 건강한 정신이 깃든다(Sound Body, Sound Mind)"는 경구는 고대를 넘어 현대까지 관통하는 스포츠 아포리즘(Aphorism)이다. 그것은 종교와 결합한 일종의 축제에서 더 강조되곤 했다. 고대 그리스의 종교 도시였던 올림피아에서 시작된 '올림피아 제전(Olympic Games)', 펠로폰네소스 반도 네메아에서 기원한 '네메아 제전(Nemean Games)', 아폴론을 위한 '피티아 제전(Pythian Games)', 고대 그리스의 현란한 항구도시 코린트에서 개최된 '이스트미아 제전(Isthmian Games)'은 스포츠가 종교적인 성격을 유지하면서 도시국가의 일상생활에 사회적인 제도로 뿌리내리는 계기가 되었다.

고대의 불씨가 국제적으로 주목을 받게 된 데에는 한 교육자의 공이 컸다. 피에르 드 쿠베르탱(Pierre de Coubertin)은 프랑스 파리에서 출생해 어릴 때 프로이센-프랑스 전쟁에 의해 조국이 쇠퇴하는 모습을 안타깝게 지켜보았다. 이후 영국, 독일, 미국, 스위스 등 주변 국가 권위자가 스포츠를 활용해 청년을 교육하며 스포츠가 청년에게 커다란 영향을 준다는 점을 떠올렸다. 결국 그의 꿈은 근대 올림픽의 부활로 실현되었다. 오늘날 올림픽에서 스포츠는 국력을 상징하거나 메달 색깔을 좌우하는 것으로 강조되지만 그가 올림픽을 통해 꿈꾼 이상은 스위스 로잔에 위치한 IOC(International Olympic Committee, 국제올림픽위원회) 기념관에 적시되어 있다.

올림피즘(Olympism)은 제도가 아니라 마음의 상태다. 가장 보편적인 가치는 도모하는 것이며 인종이나 시기가 그것을 독점해서는 안 된다……. 삶에서 중요한 것은 승리가 아니라 투쟁이며, 본질적인 것은 이기는 것이 아니라 잘 싸우는 것이다.

오늘날 다양한 학문과 연계하면서 스포츠의 가치와 의미가 더욱 확장하고 있다. 가령 스탠퍼드대학 교수인 한스 굼브레히트(Hans Gumbrecht)는 자기 몸이나 기술을 통해 아름다움을 표현하려는 운동선수나 그들의 움직임을 예기치 않은 공간에서 순간적이고 예술적인 표현으로 인해 종교적 영성을 경험하는 '에피파니(Epiphany)'에 비견했다. 즉 스포츠가 아름다움 이상의 가치를 지니게 된 것이다.

국제무대에서 스포츠를 주목하는 이유는 스포츠가 공공외교(Public Diplomacy)로서 활용될 수 있기 때문이다. 군사력이나 경제력과 같은 하드 파워(Hard Power)와 달리 문화와 예술과 같은 도구들은 자국에 관한 관심을 끌어내 긍정적인 이미지를 주는 소프트 파워(Soft Power)다.

하버드대학의 조지프 나이(Joseph Nye) 교수는 종전의 권력 개념에 새로운 미래 권력을 추가했다. 그는 남으로 하여금 내가 원하는 것을 하도록 하는 '명령적 권력(Command Power)'과는 별도로 남으로 하여금 내가 원하는 것을 원하도록 하는 '포섭적 권력(Co-optive Power)'을 제안하여 전자를 하드 파워, 후자를 소프트 파워라고 명명했다.

이런 측면에서 스포츠는 공공 외교의 하나로 중요한 소프트 파워라 할 수 있다. 스포츠는 종종 제도, 이념, 가치, 문화, 타당성이 인정된 무형의 정책으로 국제정치에서 외교 수단의 하나로 작용한다. 그뿐만 아니라 국민들의 사기앙양(士氣昂揚)과 사회적 통합에 기여한다는 점에서 국력의 중요한

구성요소라 할 수 있다. 1971년 미국과 중국의 핑퐁외교나 얼어붙은 남북 관계에서 스포츠 단일팀 구성이 이에 해당하는 좋은 예다. 100m 육상 경기의 세계 기록 보유자인 우사인 볼트(Usain Bolt)를 통해 많은 사람이 자메이카에 호감을 갖게 되었으며, 프로 골퍼 비제이 싱(Vijay Singh)으로 인해 남태평양의 작은 섬나라 피지가 매스컴에 오르내려 국가의 이미지를 높이는데 기여하는 것 역시 소프트 파워를 보여주는 일례다.

올림픽과 같은 큰 이벤트에서 스포츠는 TV 등의 대중매체로 중계되어 짧은 기간에 국민적 관심을 끈다. 올림픽에는 메달 수라는 계량화된 지표가 있기 때문에 올림픽 순위는 곧 국력의 척도로 간주되기도 한다.

고전적 의미에서 스포츠는 '기분전환'이나 '방향전환'의 뜻을 내포했지만 차츰 '오락', '싸움', '경쟁'이라는 요소가 추가되면서 여가를 넘어 제도화된 규칙으로 발전되었다. 오늘날 스포츠는 정치적·경제적·사회적·문화적·교육적 가치를 창출하면서 신체적·정신적·문화적 활동으로 그 영역을 확장하고 있다.

통치

그리스어로 통치를 뜻하는 단어 중 하나인 '크로토스(Kratos)'는 힘 혹은 권력을 의미하기도 한다. 그리스 신화에서 크로토스는 힘을 상징하는 신으로 등장한다. 승리의 여신 니케(Nike)와 질투와 경쟁의 신인 젤로스(Zelos), 폭력을 상징하는 신인 비아(Bia)와 남매이기도 하다.

기원전 5세기 그리스 역사학자 헤로도토스(Herodotus)는 왕과 귀족이 존재하는 신분사회에 가히 혁명적이라고 할 수 있는 새로운 크로토스를 소개했다. 그것은 바로 '민주주의(Demokratia)'다. 다시 말해 대중(Demos)이 지배하는 통치형태다. 왕이나 귀족도 아닌 대중, 피억압자인 민중이 지배하는 세상이라니 웬 말인가? 당시 민주주의라는 용어는 불순함을 넘어 가히 혁명적이었다. 국가의 통치 권력이 왕이나 귀족에게 한정되지 않고 민중이 자유롭고 평등한 입장에서 통치 권력을 소유하며 이것을 행사한다는 것은 상상할 수도 없는 체제였다.

아리스토텔레스는 정부를 기준으로 통치 형태를 다음과 같이 구분하였다. 먼저 군주정(Monarchy), 귀족정(Aristocracy), 혼합정(Polity)이 있으며 이것의 세 가지 변형, 즉 군주정이 왜곡된 참주정(Tyrannos), 귀족정이 왜곡된 과두정(Oligarchy), 혼합정이 왜곡된 민주정(Democracy)이 있다고 했다.

통치는 구체적으로 '권력'의 형태로 표출된다. 경제에서 화폐로 상품과 서비스의 가치를 가늠하듯이 정치에서는 권력을 통해 그 특성을 구분할 수 있다. 권력은 국가나 집단의 의사결정이 이루어지고 이행되는 것을 가능하게 하는 수단이다. 그래서 권력의 한 지표는 공동체가 자신의 열망을 성취하는 능력이다.

사회학자 막스 베버(Max Weber)는 이러한 권력의 속성을 "사회관계 내에서 자기 의사를 대립적 의사에 대하여 관철시키는 모든 가능성"이라고 정의했다. 그리고 권력을 유효하게 하는 방식으로 합법적 지배와 전통적 지배 그리고 카리스마적인 지배를 들었다.

스포크라시

외교적인 측면 혹은 국민통합이나 국위선양이라는 측면에서 스포츠의 역할을 차치하고서라도 일상에서 스포츠가 차지하는 역할과 영향력은 매우 크다. 따라서 스포츠를 하나의 통치형태, 즉 '스포크라시(Spocracy)'라고도 부를 수 있다.

그렇다면 스포츠가 권력을 유효하게 하는 근거는 어디에서 찾을 수 있을까? 우선 고대 올림피아 제전을 비롯한 제천의식 혹은 제례의식의 하나로 검투사 시합, 달리기, 몸싸움, 전차 경기와 같은 것들이 민중에게 흥밋거리를 제공하였음은 분명하다. 헤로도토스는 그의 저서 『역사』에서 그러한 행위를 '놀이'의 형태로 표현해 기근으로 고통을 받는 구성원들을 통치하는 장면을 기술했다.

> 마네스(Manes)의 아들 아티스(Attis)가 왕이었을 때 리디아 전역에 심한 기근이 들었다. 처음에 리디아인들은 묵묵히 참고 견뎠으나 기근이 계속되자 고통을 완화해 줄 수단을 찾았는데 저마다 다른 것을 생각해냈다. 그리하여 그때 그들은 주사위 놀이와 공기놀이와 공놀이를 포함한 온갖 종류의 놀이를 창안해 냈다고 한다.
>
> 헤로도토스, 『역사』 1권

역사에서 스포츠는 정치적·적대적 프레임을 깨는 유용한 도구가 되기도 했다. 고대 올림픽의 '휴전 전통'이 그 좋은 예다. 그리스를 비롯한 도시국가에는 올림피아 제전 동안 전쟁을 멈추는 '에케케이리아(Ekecheiria)'라는 전통이 있었다. 이 기간에 다른 도시국가를 침범하면 반드시 신의 응징을 받는다는 일종의 평화적 신탁이자 제우스에게 올리는 경건한 제례의식이었다.

현대에 들어와 '에케케이리아'의 전통은 UN(United Nations)이나 IOC에서 올림픽 기간 동안 무력분쟁이나 폭력행위를 중단하도록 제안하는 것으로 계승되었다. 사람들이 모였던 올림피아 정상이라는 장소는 텔레비전이나 인터넷으로 교체되었다.

오늘날 종교 이상으로 스포츠에 열광하는 곳은 그라운드다. 현대 영국

올드 트래포드

젊은이들은 일요일이면 교회 대신 '올드 트래포드(Old Trafford)'를 찾는다. 영국 축구를 상징하는 맨체스터 유나이티드(Manchester United)가 있기 때문이다. 그것은 때로 종교의 대리전(代理戰)으로도 포장된다.

'더비 매치(Derby Match)'가 이러한 예에 해당한다. '더비'는 켄터키 더비(Kentucky Derby)와 같이 유명 경마 경기를 뜻하기도 하지만 주로 축구 경기에서 같은 도시나 지역을 연고로 한 호적수끼리의 일전을 지칭한다. 19세기 중반 영국 소도시 더비에서 기독교 사순절 기간에 성 베드로(St Peters)팀과 올 세인트(All Saints)팀이 치열한 축구 경기를 펼친 것에서 유래했다. 세계 3대 더비인 스페인의 FC 바르셀로나(Barcelona)와 레알 마드리드(Real Madrid)가 맞붙는 '엘 클라시코(El Clasico)', 아르헨티나의 리버 플라

테(River Plate)와 보카 주니어스(Boca Juniors)가 싸우는 '수페르 클라시코(El Superclasico)', 스코틀랜드의 셀틱(Celtic) FC와 레인저스(Rangers) FC의 '올드펌 더비(Old Firm Derby)'는 전쟁터를 방불케 한다.

신대륙인 아메리카에서도 그들만의 광적 스포츠가 자생적으로 성장했다. 메이저리그의 야구와 슈퍼볼의 미식축구가 바로 그것이다. 야구가 미국의 '여가(Pastime)'라면 미국인의 3명 중 1명이 시청하는 풋볼은 미국의 '열정(Passion)'으로 불리고 있다.

'누가 통치하는가?' 혹은 '무엇이 지배적 가치인가?'라는 의제는 정치 사상가들에게 늘 쟁점이었다. 정치란 사회에서 일어나는 대립과 분쟁을 권위적으로 배분하고 조정하는 힘이다. 그리고 정치는 국가권력이나 통치 혹은 지배의 개념에서 시장, 위계질서, 네트워크를 망라하여 사회생활이 조정되는 다양한 방식과 연관되어 '거버넌스(Governance)'의 의미로 확장되고 있다. 거버넌스는 통치(Governing)의 행위, 과정, 수준을 뜻한다.

삶의 질을 추구하는 경향이 높아지고 미디어와 마케팅의 영역이 넓어지면서 오늘날 스포츠는 현대인들에게 거대한 담론이자 영향력이 되었다. 스포츠는 공간에서 구현되는 경기의 개념을 넘어 하나의 제도로 인식되고 있다. 제도는 공적인 지위를 갖춘 확립된 기구를 말한다. 가장 일반적인 제도로는 국가의 주권을 행사하기 위해 확립한 행정부, 입법부, 사법부가 있다. 그렇다면 스포츠가 어떻게 제도로 간주될 수 있는가? 일반적으로 사회 구성원들은 제도의 틀 안에서, 그들이 수행하는 특수한 역할과 상호작용을 한다. 제도화란 위에서 예로 든 기구 등이 구성원들의 행위를 구성하는 능력을 획득함으로써 견고화하는 과정이다.

IOC의 올림픽, FIFA(Federation Internationale de Football Association, 국제축구연맹)의 월드컵에서 보듯 스포츠 주관자들은 UN 못지않은 국제사회의 영향력 있는 거버넌스다. 민주주의가 제도로서 자유, 평등, 인간의 존엄성, 대의 정치 등을 포함하고 생활에서 공공질서, 준법 의식, 페어플레이 등을 내포하는 개념인 것처럼 스포츠는 제도로서 국가, 집단, 단체 등이 주관되어 승리, 직업, 마케팅 등을 목적으로 진행된다. 그리고 생활에서 스포츠는 자발성과 즐거움을 포함하며 가족과 함께 혹은 개인이 추구하는 여가, 욕구 충족의 활동이 되는 것이다. 이 점에서 스포츠는 오늘날 느슨한 지배와 비지시적 통치방식 중 하나라 할 수 있다.

귀족정치(Aristocracy), 관료정치(Bureaucracy), 금권정치(Plutocracy), 기술지배(Technocracy) 등의 용어에서 보듯 스포크라시란 스포츠(Sports)의 가치와 영향력이 통치(Cracy)의 지배 수준으로 확장되는 개념이다. 스포츠와 엔터테인먼트가 스포테인먼트(Spotainment)라는 개념을 주조하듯 스포크라시는 스포츠가 하나의 담론처럼 개인적인 삶의 영역은 물론 사회와 정치, 문화, 국계 관계 속에서 작용하는 광범위한 개념이다.

또 하나의 대한민국

"나는 대한민국을 사랑합니다. 90분만 사랑합니다."

텔레비전에 등장했던 공익광고의 한 부분이다. 2012년 런던 하계올림픽 금메달 제작에 쓰인 비용은 약 691.6 달러다. 2014년 소치 동계올림픽 금메달의 경우 하나당 531g의 무게이며 순금은 6g이고 나머지는 은으로 밝혀졌다. 이를 돈으로 환산하면 금 6g은 약 242.82달러(약 26만원)이고 나머지 은의 값은 341.25달러(약 36만원)로 총 584.07달러(약 62만원)의 가치가 있는 것으로 조사됐다.

그러나 금메달 하나가 창출하는 가치는 메달 가격의 수십 배를 뛰어넘는다. 우리나라는 올림픽 메달리스트들에게 '경기력 향상 연구 연금'의 명목으로 매달 금메달 100만 원(연금 점수 90점), 은메달 75만 원(연금 점수 70점), 동메달 매달 52만 5천 원(연금 점수 40점)을 지급하고 있다. 그리고 연금 점수 상한선인 110점(매달 최대 100만 원)을 넘긴 선수들은 올림픽 금메달의 경우 일시 장려금을 10점당 500만 원으로 산정해서 추가로 지급한다. 물론 경기 가맹단체와 협회, 기업체 등의 후원금과 장려금은 별도다.

그러나 올림픽 금메달은 선수 개인을 뛰어넘어 국민적 혹은 국가적인 가치를 지닌다. 흔히 올림픽을 국가 경제적 가치로 따질 때 시청자 수, 대외 이미지, 기꺼이 지불하고자 하는 비용 등을 종합해 산출한다. 그 결과 2004년 아테네 올림픽 금메달의 가치는 550억 원에서 561억 원으로 산정됐으며, 2008년 마린보이 박태환 선수가 획득한 금메달의 가치는 스폰서 효과 2,000억 이상, 스포츠용품 신장효과 500억대 등의 금액을 종합해 수천억 원의 가치를 가진 것으로 평가됐다.

너무 뻔하고, 예의 바르며, 안전한 일상에서 스포츠는 희망의 대안이 되기도 한다. 팬덤(Fandom)은 열광적 지지자를 뜻하는 'Fanatic'의 'Fan'과 영역 혹은 영토를 뜻하는 접미사 'dom'의 합성어로 특정한 인물, 분야, 영화, 팀 등을 열성적으로 좋아하거나 몰입하여 그 속에 빠져드는 사람을 가리키는 용어다.

정치에서 지지는 대단히 중요하다. 정치체계는 내·외부적인 환경으로부터 오는 혼란들에 대응하면서 요구와 지지를 투입(Inputs)으로 받아들여 결정과 행동이라는 산출(Outputs)로서 체제 밖으로 내보내고, 이 산출은 다시 환류(Feedback)되어 투입으로 연결된다. 그리고 이 과정을 반복한다. 따라서 정치체계가 원활히 작동되기 위해서는 첫째, 가치를 권위적으로 배분할 수 있는 능력을 가지고 있어야 하며 둘째, 그 결실이 구성원들에게 구속력 있고 정당한 것으로 받아들여져야 한다.

미국의 정치학자 이스턴(D. Easton)과 그의 동료들이 정립한 체계이론은 '정치체계가 안정과 변화로 특징지어진 세계에서 어떻게 존속하는가, 그리고 체계가 존속하는데 필요한 기본적인 기능과 대응형태는 무엇인가'에 대한 물음에서 출발한다. 이러한 정치체계가 원활히 작동하기 위해선 환경으로부터 오는 혼란들에 대응하는 요구와 지지가 정책결정 과정에서 중요한 변수가 된다. 그리고 그 가운데서도 구성원들이 가지고 있는 신뢰성, 확신, 애정을 뜻하는 지지는 매우 중요하다.

정치체계의 투입요소로서 지지는 크게 두 가지이다. 첫 번째는 특수지지다. 특수지지는 무엇보다 보상이나 특수 대가를 바라는 상태에서 주어진다. 즉 요구의 충족에 대한 결과로서 지지가 생긴다. 그러나 특수지지만으로는 부족하다. 특별한 보상이나 대가가 아니더라도 이른바 '오 나의 조국'과 같은 느낌이 필요하다. 무엇을 받아야 주어지는 특수지지와는 달리 무조건적인 지지, 정치적 권위나 대상에 주는 일반화된 신뢰나 신임이 확산지지다. 그것은 애국심과 충성심, 정통성의 감정, 공동선에 대한 인식, 정치적 공동체 의식과 같은 것이다.

퍼트넘(Robert D. Putnam)은 '지지'의 개념을 사회적 자본의 하나인 '호혜

성'으로 간주하여 사회적 관계 속에서 호혜성이 '특정적'으로 나타나기도 하며 '포괄적'으로 이루어지기도 한다고 했다. 그가 주장하는 한정적 호혜성은 "네가 내게 저걸 해 주면 나도 네게 이걸 해 주지"하는 식이며, 포괄적 호혜성은 "네게 그 어떤 특정한 보답을 받으리라는 기대는 전혀 하지 않고 이걸 해 주겠다. 어느 누군가 앞으로 내게 무언가 해 줄 것이라고 자신 있게 예측하면서 말이야"하는 식이다. 포괄적 호혜성은 불신 사회보다 훨씬 능률적이며 사회적 네트워크에서 한층 더 가치가 있다고 주장했다.

스포츠 경기에서 나타나는 열광적인 응원은 확산지지 혹은 포괄적 호혜성의 좋은 예다. 어떤 정치체계든 그것이 존속하려면 정치적으로 관련 있는 구성원 대부분이 정치적 대상에 대해 적어도 최저수준의 확산지지를 보내야 한다. 스포츠는 지속적이지는 않지만 정치적 현상이나 정책결정 과정에서 구성원들이 보내는 확산지지 수단의 하나라고 할 수 있다.

국민들이 펼치는 응원은 정부의 어떤 정책보다도 저비용 고효율의 국가적 이벤트다. 응원은 카타르시스이자 집단의 응집력이며 보이지 않는 힘이다. 실제로 월드컵에서 나타났던 우리나라의 '붉은 악마'나 일본의 '울트라 니폰'의 응원 열기는 경기장 못지않았다.

이러한 욕구는 때로 이기적(Selfish)이라는 표현에 빗대어 'Group-fish'라 표현되기도 한다. 이는 정어리나 멸치와 같은 작은 물고기들이 상어와 같은 큰 먹이사슬로부터 자신을 보호하기 위해 떼로 모여 끈끈한 공동체를 만들고 경계를 지어 큰 물고기 형상을 하는 것을 빗댄 용어다. 혼자보다는 여럿이 뭉치면 생존 가능성도 높아지기 때문에 조직적인 응원은 마치 'Group-fish'가 진화론적으로 발전된 독특한 사회학의 단편이라고도 할 수 있다.

열기가 도를 넘을라치면 스포츠는 열광을 넘어 나라 전체를 흥분시키는 이른바 '국뽕'으로 표현되기도 한다. 혹자는 '타력(他力)' 혹은 '중보기도'처럼 눈에 보이지 않는 나 이외에 뭔가 커다란 에너지가 선수들에게까지 전달된다고 한다. 응원자들도 마치 대장 오리의 느낌처럼 '그때 그 자리'의 일정한 주역이 된다. 자발적으로 형성된 응원의 에너지는 국민의 또 다른 에너지가 되는 셈이다.

01

희망

영화 속의 에피소드: 코치 카터의 꿈

각본 없는 드라마: 신데렐라 맨

희망의 날갯짓: 독수리 에디

픽션 속의 논픽션: 희망 이상의 게임

넘지 못할 벽은 없다

Hope

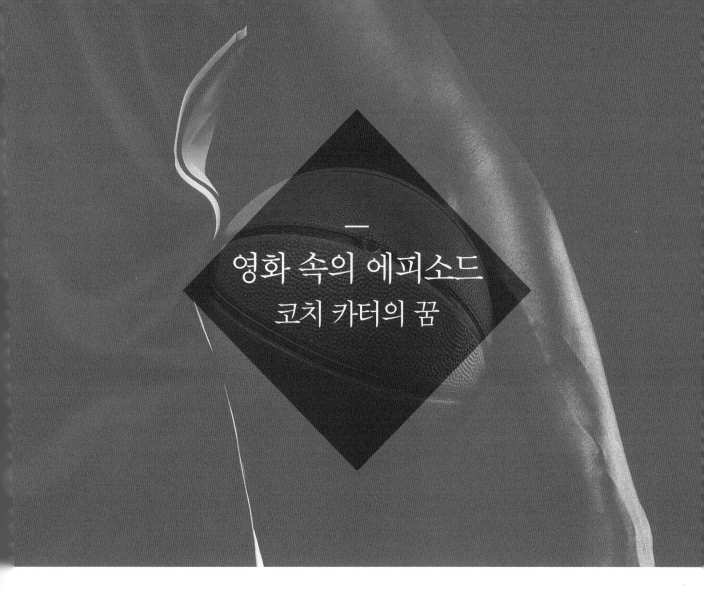

영화 속의 에피소드
코치 카터의 꿈

농구는 신장이 아닌, 심장으로 하는 것이다.

알렌 아이버슨(Allen Iverson, 농구 선수)

　　영화 '코치 카터(Coach Carter)'는 스포츠용품점을 운영하는 평범한 켄 카터(Ken Carter)라는 남자가 해체 직전의 학교 농구팀에 코치로 부임하면서 겪는 이야기다. 카터는 1970년대 캘리포니아의 빈민가 리치먼드(Richmond)에서 고교 농구팀의 전설과도 같은 인물이었다. 중년이 된 그는 여전히 스포츠를 떠나지 못하고 스포츠용품점을 경영하며 아들의 장래를 걱정하는 평범한 아버지다. 그러던 어느 날 그는 농구팀 코치를 맡아달라는 모교의 제안을 받는다.

그는 코치직을 맡기 전 아이들과 일종의 계약을 맺는다. 최하위 팀인 리치몬드 농구부의 옛 명성을 되찾는 일, 농구부 아이들이 더 나은 삶을 살아갈 수 있도록 제대로 공부시켜 대학에 진학시키는 일을 최우선의 목표로 두고 말이다. 그래서 그는 부임 첫날 학생들이 훈련에 반항 없이 따라주고, 학점 C+이상 받으며, 모든 수업에 출석하여 앞자리에 앉고, 경기가 있는 날은 정장을 입을 것 등을 담은 계약서를 가지고 온다. 이 과정에서 당연히 학부모와 학생들의 반발도 사게 된다. 카터의 지독한 훈련 덕에 농구팀은 첫 경기에서 승리하고 이후 경기마다 승승장구한다.

그러던 어느 날 선수들의 학업 부진을 알게 된 카터는 경기를 앞두고 있음에도 불구하고 약속한 것을 지키기 위해 체육관을 폐쇄하고 공부에 전념하도록 하는 충격적인 조치를 취한다. 사실 팀에 있어서 승리는 사소한 결점과 이견들을 빨아들이기에 충분한 블랙홀이다. 일찍이 러시아의 문호 톨스토이(Leo Tolstoy)가 그의 명작『안나 카레니나』첫 구절에서 "행복한 가정은 서로가 비슷한 이유로 행복하지만 불행한 가정은 각자의 이유로 불행하다"고 말한 것처럼 말이다.

자신이 고등학생일 때와 비교해도 크게 달라진 것이 없는 현실이지만, 그는 부모들의 항변 앞에 "대체 애들에게 바라는 게 뭡니까?"라며 진심을 쏟는다. 그리고 그는 말한다.

"30년 전에 난 이 학교 선수였죠. 그때도 똑같았어요. 동료 몇 명은 범죄자가 되었고 몇 명은 일찍 세상을 떠났죠. 난 이 특별한 아이들에게 다른 삶을 열어주고 싶었고 나로선 이 방법이 최선이었습니다. 아이들의 졸업이나 대학 진학보다 목전의 승리에 집착하는 학교 방침을 전 지지할 수 없어요."

결국 카터는 선수들과 부모들뿐 아니라 미국 전역의 언론을 움직인다. 전통적인 할리우드 영화라면 문제아들이 역경을 극복하고 결국 주대회에서 우승을 차지한다는 준비된 해피엔딩이어야 한다. 하지만 영화에서는 마지막 경기를 2점 차로 지고 만다. 진정한 스포츠 정신은 승리와 패배를 떠나 이 둘을 동등하게 대하도록 하는 마음의 훈련이기에 카터는 실의에 젖은 학생들에게 감동적인 연설을 한다.

"너희에게 중요한 것은 이기느냐 지느냐 하는 문제나 내일 신문 스포츠 1면에 무슨 기사가 뜰 것인가가 아니다. 너희는 다른 사람들이 평생을 바쳐 얻고자 해도 얻기 힘든 소중한 꿈을 이룬 것이다. 너희가 성취한 것은 바로 그렇게 달성하기 힘든 내면의 승리다."

운동장에서 승리는 매우 중요한 것이다. 그러나 그 승리가 합법적이고 정당하지 않는 불법의 승리, 편법의 승리라면 더 큰 부작용을 일으킨다. 그렇게 승리한다면 설혹 바꿀 수 없는 입장이더라도 찜찜하기 마련이다.

축구 경기에서 '신의 손'이라는 불명예스러운 말이 있다. 손을 이용해서 골을 넣는 행위, 부정한 방법을 이용해서 실수를 저지르는 행위에 대한 완곡한 표현이다. 1986년 아르헨티나와 잉글랜드는 에스타디오 아스테카(Estadio Azteca)에서 멕시코 월드컵 8강전을 벌였다. 전반전은 득점 없이 끝났으나 후반전 아르헨티나가 첫 골을 뽑아냈다. 후반전 6분경 마라도나(Diego Maradona)는 잉글랜드 페널티 구역 근처에서 잉글랜드 골키퍼와 1:1 상황에서 헤더 경합을 했다. 이때 마라도나가 왼손 주먹으로 공을 건드려 잉글랜드 골문에 밀어 넣었다. 아르헨티나는 우승의 영예의 안았지만 마라도나는 '신의 손'이라는 오명을 안아야 했다. 경기가 끝난 후 마라도나는 인터뷰에서 자신의 골은 '신의 손에 의해서 약간, 나머지는 마라도나의 머리에 의해서' 득점한 것이라고 답해서 논란은 더욱 심해졌다. 마라도나는 2002년에 발간된 자신의 자서전에서 그 골은 손으로 넣은 것이라고 인정해야만 했다.

'신의 손' 논란은 이것으로 끝나지 않았다. 2009년 11월 19일 프랑스 파리의 스타드 드 프랑스(Stade de France)에서 열린 프랑스와 아일랜드 간의 남아공월드컵 예선 경기가 진행되던 때였다. 연장 전반 7분에 앙리(Thierry Henry)는 손을 사용해 동료에게 패스했고 이는 결승골로 이어졌다. 경기 후 앙리는 "공에 손이 닿은 것은 사실이지만 나는 주심이 아니다"라고 당상의 상황을 설명했다.

카터가 학생들에게 주고자 했던 교훈은 정직과 같이 거창한 것이 아니다. 하지만 영화 속에서 한 학생은 카터에게 다음과 같이 말한다.

"우린 우리 자신의 무능력이 아니라 자신의 강한 힘을 가장 두려워해요. 우리가 어둠이 아닌 빛을 두려워해서 작게 행동하고 작게 움츠리면 피해가 가진 않겠지만 세상을 구하진 못하겠죠. 우린 아이처럼 빛을 품고 있어요. 우리가 우리의 빛을 빛나게 할 때 다른 이의 빛도 빛나게 될 거에요. 우리가 공포로부터 자유로워질 때 다른 이들 또한 자유로워질 거에요. 정말 감사합니다. 절 구해 주셨어요."

어쩌면 우리의 가장 큰 적은 상대가 아니라 우리 자신일 수 있다. 그러므

로 가장 힘든 승부는 자신을 이기는 것이다. 농구팀은 주대회 우승을 놓쳤지만 6명 중 5명이 대학에 진학하는 쾌거를 이루게 된다. 그들은 그라운드가 아닌 그들의 마음을 이긴 것이다. 감동적인 사실은 이것은 실화라는 것이다. 그렇기에 스포츠는 감동의 에피소드 그 이상인 셈이다.

각본 없는 드라마
신데렐라 맨

견뎌라. 지금 견디고 남은 생을 승자로 살아라.

무하마드 알리(Muhammad Ali, 권투 선수)

제임스 브래독(James J. Braddock), 그의 이야기는 링보다 스크린에서 더 우아할 것이다. 그의 삶을 다룬 영화 '신데렐라 맨(Cinderella Man)' 때문이다. 프랑스 작가 샤를 페로(Charles Perrault)의 동화 신데렐라는 궂은일을 도맡아 하는 여자 주인공 상드리용(Cendrillon)에 대한 전래 민담을 전한 것이다. 이후 다른 언어들로 번역되는 과정에서 우리에게 잘 알려진 신데 렐라가 된다. 이 이야기는 우리의 전래 동화 콩쥐팥쥐처럼 권선징악의 교훈을 담고 있으며 해피엔딩으로 마무리 된다. 그렇다면 '신데렐라 맨' 역시 비슷한 이야기일까?

제목에서 보듯 영화의 주인공은 남자다. 그것도 왕년의 유명했던 복서 다. 영화는 스포츠 작가 데이몬 러니온(Damon Runyon)의 프롤로그로 막을 연다.

> 권투 시합 역사상 어떤 인간 승리의 이야기도 제임스 브래독
> 의 삶에 견줄 수는 없다.

브래독은 뉴욕에서 태어난 미국의 복싱 선수다. 그는 아마추어 시절 100여 차례의 경기를 치루며 미래의 챔피언으로 주목받았다. 1926년 그 는 21살의 나이에 프로로 전향했다. 전도유망한 복서답게 빠른 발과 강 력한 라이트 훅으로 유명세를 탔고 적잖은 대전료를 손에 쥘 수 있었다. 승리와 성공을 향해 달려가는 가도는 탄탄대로일 것 같았다. 하지만 칼 럼니스트 제럴드 내크먼(Gerald Nachman)의 명언처럼 "성공만큼 큰 실패는 없다."

그는 여세를 몰아 1929년 라이트 헤비급 챔피언 토미 로런(Tommy Loughran)에게 도전했지만 결과는 판정패였다. 이후 1933년까지 그는 여 러 시합을 치뤘지만 이긴 시합보다 진 시합이 더 많았다. 질긴 슬럼프와 부상의 영향 그리고 때마침 닥친 대공황의 여파로 인해 그는 아내와 세 아이의 생계를 책임져야 하는 부두의 막노동자로 전락하게 되었다. 그러

나 일거리마저 찾기 힘든 어려운 때였다. 계속된 연체로 전기와 수도가 끊기면서 최악의 생활고를 겪게 된 그는 순수한 열정이 아닌 가족의 생계를 위한 궁여지책으로 링으로 돌아오게 되었다. 하지만 그는 '유망주'나 '잘나갔던 복서'보다는 '뉴저지의 투견'이라는 닉네임을 가진 싸구려 선수가 되었다.

사회복지 기부의 일환으로 근근이 대전료를 챙기고 있던 그에게 1934년은 놀랄만한 해였다. 챔피언 유망주 콘 그리핀(John Corn Griffin)의 희생 제물로 퇴물 복서 브래독이 선택된 것이다. 하지만 그날 그는 복서가 아니었다. 아내와 세 아이의 생계를 책임져야 하는 가장이었다. 부두 막일로 쌓인 세상에 대한 울분, 복싱에 대한 열정으로 사무친 그의 주먹은 모든 사람의 예상을 깨고 3회에 KO 승리로 폭발했다. 실로 오랜만에 본 손맛이었다. 그리고 돈맛이었다.

누구나 세상을 살다 보면 어둠 속에서 헤맬 때가 있다. 하지만 같은 어둠일지언정 동굴과 터널은 확연히 다르다. 우유통에 빠진 개구리 이야기를 들어봤을 것이다. 통 속에 빠진 개구리는 나오기 위해 발버둥을 친다. 아무리 게으르고 염세적인 개구리라 할지라도 우유통에 빠지는 순간 이때다 싶어 그냥 포기하진 않는다. 처음에는 다들 벗어나려고 몸부림을 친다. 문제는 강도와 끈기다. 더는 방법이 없다고 포기하는 순간 개구리의 축져진 몸이 우유 속으로 사라진다. 하지만 마지막 한 걸음이라고 생각하는 순간 한 발만 더 내딛으면 이야기는 달라진다. 밤새 휘저은 우유는 치즈로 단단하게 뭉쳐 '디딤돌'로 바뀌는 것이다.

　재기에 나선 브래독은 끈기와 집념으로 승리를 이어가면서 어느 순간 대공황의 늪에서 절망하던 많은 사람에게 '신데렐라 맨'으로 불리게 되었다. 1935년 6월 13일 드디어 챔피언과의 결투가 다가왔다. 하지만 챔피언 맥스 베어(Max Baer)의 벽은 너무 높았다. 그의 주먹은 이미 선수 두 명의 생명을 앗아갔을 정도로 강력한 '살인 주먹'이었다.

　복싱 전문가와 도박사들의 베팅은 10:1, 그나마 브래독에게 후한 점수인 10%를 할당해 줬다. 브래독 역시 그 경기장이 마지막 무대라고 생각했다. 그러나 결과는 심판 전원일치로 브래독의 판정승이었다. 시합 초반 브래독에게 몇 번 고비가 있었지만 라운드를 거듭할수록 착실하고 과감하게 공격하여 승자로 변해가고 있었다. 이후 1937년 조 루이스(Joe

Louis)에게 타이틀을 넘겨주기까지 2년 동안 그는 세계 헤비급 챔피언으로 군림했다.

　브래독의 전적은 61승(36KO) 22패다. 그는 타이슨 같은 핵주먹도 알리 같은 전설도 아니었다. 3번 이기면 1번은 패할 정도니 복서로서 뛰어나진 않았다. 하지만 그는 대다수 사람들의 고정관념을 깨뜨린 위대한 복서이자 진정한 승부사였다. 그는 '미리 짜여진 게임은 없다'라는 말을 입증한 사람이기도 했다.

희망의 날갯짓
독수리 에디

희망이라는 것은 있다고도 할 수 없고 없다고도 할 수 없다.
희망은 길과 같은 것이다.

루쉰(魯迅, 문학가)

희망은 일종의 신기루다. 특히 일정한 조건을 갖추지 못해 안 될 것을 알면서도 될 것 같다며 가능성을 부추기는 것은 상대를 고통스럽게 하는 희망고문이다. 그래서 실존주의의 선구자 니체(Friedrich W. Nietzsche)는 "희망은 모든 악 중에서도 가장 나쁜 것이다. 그것은 인간의 고통을 연장시키기 때문이다"라고 하며 냉혹하게 꼬집었다.

그럼에도 불구하고 희망이란 깜깜한 우물 속에서 한 됫박 물을 길어 올리는 두레박임은 분명하다. 피나는 노력에 하나만 더 첨가했을 때 신기루가 걷히며 비로소 실체로 다가오곤 한다. 이를 가능하게 하는 것은 신마저 감동시키는 '열정'이다. 그래서 열정이란 영어단어 'Enthusiasm'에는 '안에'를 뜻하는 헬라어 'en'과 '신'을 뜻하는 'theos'라는 두 단어가 내포되어 있다. 열정이란 '신들린' 듯이 자신의 일에 미치는 것이다.

'독수리 에디'는 1988년에 개최된 캘거리 동계올림픽에서 스키점프 종목에 출전한 영국 선수 '에디 에드워즈(Eddie Edwards)'의 실화를 바탕으로 한 영화다. 스키 점프는 영국이 60년간 선수를 내지 못한 종목이다. 가능성이 희박했기에 아무도 도전하지 않았던 것이다.

다른 종목이 그러하듯 스키점프도 어릴 때부터 소질을 계발해서 훈련해도 결과를 가늠하기 어렵다. 그런데 에디는 근시에다 과체중이기까지 한 스무 살의 청년이었다. 스포츠계에서는 에디를 보며 코웃음을 쳤고 출전 자체가 해프닝이라며 비아냥거렸다. 하지만 그는 독수리가 푸른 공창을 나는 것처럼 스키점프를 통해 하늘을 나는 멋진 모습을 상상했다.

한때 미군 소령이었던 제임스 네스멧(James Nesmith), 그를 소재로 한 이야기는 미국의 대표적인 자기계발가 지그 지글러(Zig Ziglar)나 잭 캔필드(Jack Canfield), 마크 빅터 한센(Mark Victor Hansen)의 저서에 자주 등장한다.

제임스 네스멧은 한때 골프를 잘 치는 것이 소원이었다. 그러나 주말에만 골프를 쳤기 때문에 90타가 그의 최고 성적이었다. 그는 베트남 전쟁에 조종사로 참전했으나 불행하게도 포로로 잡혀 7년간이나 높이 1.3m, 폭 1.6m 정도의 좁은 곳에서 갇혀 지내야 했다. 감옥에 갇힌 그는 공포에 시달리면서도 고통의 순간을 스스로 잊게 하는 기발한 방법을 생각해냈다. 그는 매일 독방에서 눈을 감고 18번 홀을 라운딩한다고 상상했다. 눈앞에 보이는 건 차가운 벽이었지만 상상 속에서 그는 고향의 푸른 잔디 위에서 그가 좋아하는 골프를 매일 4시간씩 쳤다. 가슴이 뻥 뚫리는 페어웨이, 그 위의 푸른 하늘을 날아가는 골프공, 페어웨이 주변의 벙커, 잘 다듬어진 그린을 상상하면서 7년 동안 줄곧 머릿속으로 골프를 쳤다.

전쟁이 끝나자 그는 꿈에 그리던 고향으로 돌아올 수 있었다. 그런데 놀라운 일이 벌어졌다. 고향으로 돌아온 네스멧은 매일 머릿속에 떠올리던 그 골프장에서 74타란 개인 최고 기록을 세웠다. 7년 동안 한 번도 골프채를 잡아보지 않았지만 무려 20타수 가까이 줄였다.

에디 역시 상상 속에서 올림픽이라는 꿈의 무대에 수도 없이 올랐다. 그러나 에디 혼자서 스키점프를 익혀 올림픽까지 나가기에는 그 벽이 너무 높았다. 조롱거리로 전락한 그가 미국 스키점프 선수 경력의 '브론슨 피어리(Bronson Peary)'를 만난 것은 희망의 서막이었다.

우여곡절 끝에 에디는 점프에 성공했지만 남이 보기에는 턱없이 부족했다. 하지만 그것은 에디에게 세상에서 가장 아름답고 우아한 독수리의 날갯짓이었다. 보이는 것만 믿는 착실하고 평범한 새가 한계와 장벽을 넘어 가장 높이 날았을 때 가장 멀리 볼 수 있는 법이다.

아마존의 설립자인 제프 베조스(Jeffrey Bezos)가 처음 인터넷으로 책을 팔겠다고 했을 때 에디가 스키점프를 하겠다는 것처럼 반응이 싸늘했다. 이러한 반응을 예상했듯 그는 가슴에 늘 명구 하나를 새기고 다녔다.

"가장 위험한 도전은 도전하지 않는 것이다."

아마존의 사시(社是)는 '그라다팀 페로키테르(Gradatim Ferociter)'인데, 라틴어로 '한 걸음씩 맹렬하게'라는 뜻이다.

스포츠,
네버엔딩 스토리

픽션 속의 논픽션
희망 이상의 게임

스포츠는 탁월함이 무엇인가를 생생히 보여줌으로써 사회에 기여한다.

조지 프레데릭 윌(George Frederick Will, 시사평론가)

운동장에서 꽃 피우는 스포츠는 그 자체의 묘기로 환호성을 불러일으키며 감동을 준다. 하지만 스포츠가 운동장을 넘어 현실 속에서 정치, 문학, 문화, 산업 등과 결합할 때 그 파급력은 실로 엄청나다. 앙리 사리에르(Henri Charrière)의 자전적 소설 『빠삐용』은 '나비'를 뜻하는 제목에서 나타나듯 희망에 대한 이야기다. 남아프리카공화국의 인종 차별 정책인 아파르트헤이트(Apartheid)에 따라 흑인 정치범 수용소인 로벤 섬(Robben Island)에 갇힌 이들에게 희망은 '나비'가 아닌 '공'이었다.

그들은 그 안에서 축구를 했다. 축구공이라고 해봤자 낡은 티셔츠를 둘둘 말아 만든 원시적인 공이었다. 침묵과 감시만 싸늘하게 감돌던 그곳에 갑자기 공통 화제가 등장한 것이다. 생각해 보라. 장인과 사위, 아버지와 아들은 생리적으로 대화가 자연스럽지 않은 구도다. 하지만 손자가 끼어들면 분위기는 180도 달라진다. 각자의 골방에만 들어가 있던 집안 풍경도 애완견 한 마리가 생기는 동시에 달라진다. 걷기나 골프가 서너 시간 걸리더라도 나름대로 재미있는 이유는 스포츠를 매개로 이런저런 이야기를 하기 때문이다.

종교, 민족, 나라보다도 두꺼운 벽은 '사상'이다. 이념을 넘는 벽은 픽션에서는 사랑이고 논픽션에서는 스포츠다. 첨예한 냉전시기 '손에 손잡고' 이념의 벽, 종교의 벽, 지역의 벽을 넘을 수 있었던 것은 서울 올림픽, 바로 스포츠 때문이었다.

삭막한 섬에서 축구와 관련된 회의, 작전, 토론이 이어졌다. 축구는 급기야 백인 간수들과의 대화거리가 되었다. 축구는 흑인 정치범들에게는 절망을 뛰어넘어 공통의 목표를 위해 단합하는 계기가 된 것이다. 1963년 시작된 감방 미니 축구는 구타와 고된 노동으로 힘겨운 감옥 생활을 이어가던 수감자들에게 숨통을 틔워주는 환기구였을 뿐만 아니라 '희망 이상의 게임'이었다.

로벤 섬의 이야기가 암울한 정치 수용소에 있는 남자들의 이야기였다

면 『내 생애 가장 자유로운 90분』은 축구공 하나로 이슬람 금기의 벽을 넘어선 아프가니스탄 소녀들의 희망가다. 교육은 고사하고 자신의 인생을 선택할 기회조차 빼앗긴 처참한 현실 속에 몇몇 아프가니스탄 여성들의 꿈은 엉뚱하기 그지없었다. 책의 저자 아위스타 아유브(Awistar ayub)는 탈레반의 지배에서 벗어나기 위해 아프가니스탄을 떠나 미국 코네티컷으로 망명했다. 그녀는 2001년 탈레반 정권이 무너졌다는 소식을 접하고 '조국과 여성들을 위해 무엇을 할 수 있을까' 고민한 끝에 아프가니스탄 여성들을 위한 스포츠 후원의 대열에 나섰다.

조국의 소녀 8명은 미국으로 초청되어 축구를 배울 수 있는 기회를 가졌다. 그리고 이를 계기로 아프가니스탄 최초의 여자 국가대표팀이 구성되기에 이르렀다. 그들은 90분의 활약을 통해 삶을 변화시킬 수 있다는 희망의 드림킥을 쐈다. 축구공 하나로 기적을 일군 아프가니스탄 여성 축구단. 그들이 피땀 흘려 얻은 '꿈'과 '꿈꿀 수 있는 자유'를 찾아가는 여정은 그들 생애에서 가장 자유로운 90분이었다.

9.11 테러 이후 반(反)이슬람 정서가 팽배한 분위기 속에서도 미래를 꿈꾸는 아프가니스탄 소녀들과 축구를 통해 자신의 정체성을 찾으려 했다는 것은 원제목대로 "아무리 산이 높다 할지라도" 반드시 길이 있기 마련이라는 희망 때문에 가능한 것이었다. 그 희망이란 먼 곳이 아닌 지금 그곳에, 남이 만들어 주는 것이 아니라 그들 스스로가 만들어 가는 것이었다.

축구로 기적을 이룬 또 다른 섬이 있다. 바로 전남 고흥의 '소록도'다. 소록도를 배경으로 한 이청준의 『당신들의 천국』의 줄거리는 다음과 같다. 나환자병원에 조백헌 대령이 새로운 병원장으로 부임해 오며 이야기가 시작된다. 그는 소록도를 나환자들의 천국으로 만들어 가려는 다부진 비전을 가지고 있다. 강퍅할 정도로 마음의 문이 닫힌 그들에게 원장이 생각한 대안은 바로 나환자의 축구팀이었다. 뭐든 좋게 해 주겠다는데도 무표정하고 호응 없는 사람들, 마치 벽을 보고 설교하는 것 같은 심정은 누구나 한 번쯤 느껴봤을 것이다. '넌 절대 우리를 행복하게 해 줄 수 없어'라는 불신의 눈초리 앞에 축구 경기는 화해의 포문이 되었다.

둥근 공 하나가 화해의 장을 마련한 또 다른 동네는 프랑스 땅 플랑드르(Flandre) 지역이었다. 제1차 세계대전이 발발한 1914년 12월 24일, 독일과 영국군이 첨예하게 대립했던 그곳에서도 고요하고 거룩한 밤의 분

위기가 감지되었다. 그래서 그들은 누가 시킨 것도 아닌데 서로 총을 내려놓고 물품을 교환하고 캐롤을 읊조리기 시작했다. 이윽고 크리스마스 당일 참호를 박차고 나온 병사들은 축구공을 향해 모여들었다. '지상에서 가장 아름다운 경기'가 펼쳐진 것이다. 그것은 단지 축구게임이라는 매우 한정된 시간동안 이루어진 일이었다.

이청준의 명저 『당신들의 천국』 속에서 스포츠는 이랬다.

"운동 시합이란 자주 개인의 사소한 대립이나 이해관계를 넘어서서 어떤 맹목적인 집단의지 같은 것을 형성하는 데는 큰 공헌을 할 수 있다. 그 거대하고 맹목적인 집단의 지속에서 잡다한 개인의 불평이나 의식의 편향 같은 것은 일거에 깨끗이 해소되어 버리기 일쑤였다……. 이 섬에 대해 말한다면 원장은 그 스포츠 행사를 통해서 원생 개개인간 또는 병사 지대와 직원 지대 간의, 원장과 원생들 간의 인간적인 신뢰감을 회복시키고, 그들로 하여금 자기들 생에 대한 투철한 자신감을 길러주는 데 보다 큰 목적이 있었다."

이청준, 『당신들의 천국』

넘지 못할 벽은 없다

골키퍼가 도저히 손댈 수 없는 사각지대는 분명히 존재한다.
하지만 나는 막을 수 있다.

레프 야신(Lev Yashin, 축구 선수)

"우리가 희망의 끈을 놓지 않는 한 희망이 먼저 우리를 놓지 않는다."

마샬 필드(Marshal Field)도 그랬다. 1871년 시카고에서 대화재가 일어난 다음 날 잿더미로 변해버린 참혹한 현장에서 상인들은 절망감에 사로잡혔다. 그들은 다시 시작할 것인지, 다른 곳으로 떠날 것인지를 논쟁하다

결국 떠나기로 대세가 기울었다. 그때 한 남자만이 떠나는 것을 끝까지 반대했다.

"몇 번 더 큰 화재가 일어나더라도 지금, 이곳에서 세계에서 제일로 큰 점포를 만들겠소."

황량한 벌판에서 희망의 끈을 놓치지 않은 마샬 필드는 그의 말대로 최고의 백화점을 세우게 되었다.

1954년 늦봄까지 인간이 1마일(약 1,609m)을 4분 안에 달리는 것은 몸속 장기에 치명적인 손상을 주기 때문에 불가능하다고 '기억'했다. 1마일을 4분 안에 달리는 것은 시속 24.14km 혹은 100m를 14.91초의 속도로 16바퀴 돌아야 한다는 것을 의미했다. 1933년 400m 트랙을 4바퀴 도는데 걸리는 시간은 4분 10.4초 였다. 12년 뒤인 1945년엔 4분 1.4초까지 당겼지만 그 이상의 기록 단축은 마치 극지방 탐험이나 수중탐사, 달나라 착륙에 비견될 정도로 어려운 일이라고 단정 지어졌다.

기록이 사람들의 기억을 지배했던 시절이었다. 옥스퍼드대학의 젊은 의학도 로저 배니스터(Roger Bannister)의 생각은 달랐다. 그는 인간의 신체를 존중하면서도 사람을 움직이는 힘은 근육이 아닌 다른 뭔가에 있음을 증명했다. 1954년 5월 6일 그는 중거리 육상 역사에 한 획을 그었다. 3분 59.4초의 기록으로 '마의 4분 벽'을 넘어선 것이다. 놀라운 사실은 그 다음이다. 이 청년이 벽을 넘은 지 46일째 되던 날 호주 선수가 3분 58.4초로 새 기록을 세웠다. 급기야 1999년 7월 7일 히샴 엘 게루주(Hicham El Guerrouj)가 3분 43.13초로 세계 기록을 갱신했을 무렵, '4분 벽'을 돌파한 선수들은 무려 천 명을 넘어섰다. 2016년 5월 6일 85세가 된 배니스터는

영국 옥스퍼드에서 그의 기록 갱신 60주년을 축하하는 뜻깊은 행사를 가졌다.

장벽의 힘은 세다. 그것은 사람의 의지를 꺾어 포기하게 만들고, 익숙하고 편한 길로만 가게 한다. 미국 콜로라도 스프링필드(Springfield) 산악에 매우 가파른 도로가 있다. 교통편의를 위해 건설되었지만 폭이 좁고 험준한 지형이라 대부분의 운전자는 시간이 많이 걸리더라도 운전이 편한 우회도로를 이용했다. 그런데 폐쇄위기에 놓인 도로 입구에 누군가 '당신도 할 수 있다'라고 쓰인 팻말을 세워 놓았다. 그러자 신기한 일이 벌어졌다. 산악도로에 도전하는 운전자들이 늘어나자 안전장치가 설치되고 고개 꼭대기에 휴게소와 주유소까지 생겨나면서 나중엔 초보 운전자들도 이용할 수 있는 편하고 빠른 길이 된 것이다.

'나이 때문에, 시간 때문에, 규정 때문에, 예산 때문에, 환경 때문에 …….' 장벽은 다양하다. 하지만 벽은 의지로 뚫리고, 의지를 끄는 것은 희망이다. 그래서인지 벽을 넘어 미지의 세계를 개척하는 사람을 묘사하는 단어는 다양하다. '개척자, 선구자, 선각자…….'

리처드 바크(Richard Bach) 박사는 그의 저서 『A Gift of Wings』에서 인간이 성취를 향하여 전진하는 과정을 수영장 다이빙대로 예를 들었다. 다이빙에 처음으로 도전하는 사람은 대개 다음과 같은 과정을 밟는다. 처음에 그는 며칠 동안 높은 다이빙대를 쳐다만 본다. 올라갈 것인지 말 것인지를 생각하는 과정이다. 그다음 단계는 드디어 젖은 계단을 조심스럽게 올라가는 것이다. 어떤 일을 앞두고 결단을 내리는 단계로서 아직 완전히 결심하지 못한 불안한 상태에서 조금씩 전진하는 단계다. 마지막으로 마침내 높은 다이빙대 위에 올라선다. 결단 직전에 있는 가장 불안한 단계다. 다이빙대를 딛고 선 사람에게는 두 개의 길이 있을 뿐이다. 하나는 과감하게 물속으로 뛰어드는 길이다. 그것은 '승리를 향한 다이빙'이다. 다른 하나는 다이빙을 포기하고 올라간 계단으로 다시 내려오는 길이다. 이것은 '패배를 향한 계단'이다.

다이빙대 끝에 서서 체중을 앞으로 기울일 때 후퇴는 이미 늦었고 몸은 물속으로 들어가게 된다. 인생이라고 불리는 다이빙대를 정복하는 순간이다. 불안과 두려움을 겪고 다이빙대를 정복한 사람은 그 후로도 큰 문제가 없으며 오히려 높은 데서 다이빙하는 것을 즐겁고 자랑스럽게 생각하며 다이빙을 반복하게 된다. 바크 박사는 책의 말미에 이런 글을 적었다.

천 번 올라가고 천 번 뛰어내리고……. 그 다이빙 속으로 두려움은 사라지고 나는 비로소 인간이 된다.

1488년 바르톨로뮤 디아스(Bartolomeu Diaz)가 폭풍을 피해 아프리카 남단에 도착했을 때 그곳 지명은 '폭풍의 곶'이었다. 하지만 인도로 가는 희망의 항로로 인식되면서 그곳은 '희망봉'이 되었다. 희망의 씨앗은 두려움을 물리치는 용기, 안이함을 뿌리치는 모험심이다. 그래서 사무엘 울만(Samuel Ulman)도 읊었다.

경이에 이끌리는 마음,
어린애와 같은 미지에 대한 탐구심,
인생에 대한 흥미로부터의 아름다움, 희망, 기쁨, 용기
그리고 힘의 영감을 받는 한 그대는 젊습니다.

사무엘 울만, 「청춘」

02

도전

끝날 때까지는 끝난 게 아니다

아버지의 교훈

나는 다만 달릴 뿐이다

나이를 초월하는 그 무엇

일등경험? 작은 곳에서부터 시작해 봐!

Challenge

끝날 때까지는
끝난 게 아니다

실패한 고통보다 최선을 다하지 못했음을 깨닫는 것이 몇 배 더 고통스럽다.

앤드류 매튜스(Andrew Matthews, 작가)

한때는 한 직장에서 정년을 마치고 퇴직하면 행운의 열쇠를 주기도 했다. 하지만 요즘 직장에서 정년을 맞는 사람은 그야말로 천연기념물이다. '사오정(45세 정년)', '오륙도(56세까지 직장에 남아있으면 도둑)'라는 말에서 보듯 시대와 환경이 우리를 가만두지 않는다. 더욱이 최근에는 임금피크

제까지 시행되어 공기업의 환경도 많이 달라졌다.

'논문 이외의 모든 것(All but Dissertation)'이라는 말이 있다. 미국이나 캐나다 대학원생들 가운데 모든 과정을 마치고 최종 논문만 쓰면 되는 수료 상태를 말한다. 학위 취득을 위해서는 수년간 공부에 시간과 돈을 투자하고 전공 및 외국어 시험 그리고 논문 발표 등 소정의 절차와 과정이 필요하다. 그러나 끈질기게 노력하다가도 막바지 고비를 넘지 못하고 중도에 포기하는 사람들이 많다. 미국과 캐나다의 480개 대학을 조사한 결과 박사과정의 50%가 중도에 포기하는 것으로 조사되었다.

한때 하늘을 나는 새도 떨어뜨릴 정도의 권세를 가진 사람들, 대마불사(大馬不死)의 대명사로 불리던 대기업들도 자취 없이 사라지는 지금, 직장인이든 사업가든 교사이든 인기배우든 유종의 미를 거둔 사람은 끝을 잘 마치는 그 자체만으로도 행복이라 할 것이다.

중국의 옛시조에서 교훈하는 것 중 하나가 유종의 미다. 중국의 두보(杜甫)가 오랜 유랑 끝에 오지에서 청빈한 삶의 살고 있을 때였다. 때마침 그곳에 친구의 아들 소혜(蘇徯)라는 젊은이가 유배되어 실의에 찬 나날을 보내고 있었다. 두보는 소혜라는 젊은이에게 「군불견간소혜(君不見簡蘇徯)」라는 시를 전했다.

…… 백 년 된 죽은 나무도 거문고로 쓰이고
한 홉 썩은 물에도 교룡(蛟龍)이 숨어 있다네.
장부는 관 뚜껑 덮고야 일이 정해지거늘
다행히 지금 그대는 노인 되려면 멀었네…….

꺾여 넘어진 오동나무가 거문고로 쓰이는 것처럼 사람 역시 관 뚜껑이 덮인 후에야 제대로 평가받는 법이다. 여기에 힘입어 소혜는 훗날 호남의 유명한 논객으로 활약하게 된다.

　　스포츠에서도 '유종의 미'를 잘 거두는 것이 매우 중요하다. 한 롤러스케이팅 선수가 너무 빨리 샴페인을 터뜨린 바람에 어이없이 우승을 놓친 웃지 못할 해프닝이 있었다. 네티즌으로부터 졸지에 '멍청한 스케이터'라는 오명을 뒤집어쓴 주인공은 컬럼비아 국가대표 알렉스 쿠야반테(Alex Cujavante) 선수다. 그는 자기 나라에서 개최된 2010 세계롤러스피드스케이팅선수권 남자 주니어 20,000m 결승 경기에서 골인 지점을 눈앞에 두고 우승을 확신했다. 자만한 그는 더는 질주하지 않고 승리의 세리머니로 자축하며 여유를 만끽했고 그 결과 2등 선수에게 트로피를 넘겨주고 말았다. 역전의 주인공이 다름 아닌 우리나라의 이상철 선수라 감흥은 더했다.

자전거로 승부를 예측하는 경륜 시합에서도 종종 웃지 못할 해프닝이 발생한다. 333.3m의 벨로드롬을 6바퀴 도는 경주에서 치열한 경쟁에 몰두하다가 순간적으로 착각해 5바퀴에서 혼자 우승 세리머니를 하다가 뒤늦게 정신을 차리는 모습들도 있었다.

한 번 선발되기도 어려운 올림픽 대표에 세 번이나 선발되어 그 실력을 인정받은 선수가 있다. 매튜 에먼스(Matthew D. Emmons)는 미국의 유명한 사격 선수로 올림픽에 세 번이나 참가하여 금, 은, 동메달을 모두 획득했다. 하지만 자신의 주 종목에서 마지막 한 발을 잘못 쏘는 바람에 다 잡은 금메달을 내어 준 적이 있었다. 2004년 아테네 올림픽 결선에서는 마지막 한 발을 남의 과녁에 명중시켰고 2008년 베이징 올림픽 결선에

스포츠,
네버엔딩 스토리

서는 마지막 한 발이 어긋나 4위로 처졌으며, 2012년 런던 올림픽에서는 메달권 밖으로 처지는 아픔을 겪기도 했다.

"끝날 때까지는 끝난 게 아니다."

메이저리그 최고의 포수로 불리는 요기 베라(Yogi Berra)의 기념비적인 어록이다. 이탈리아계 가정의 이민 2세로 세인트 루이스(Saint Louis)에서 유년기를 보낸 그는 돈이 없어 중학교를 중퇴하고 막노동판을 전전해야 할 정도로 가난했다. 야구를 할 때 가장 행복했던 그에게 천재일우의 기회가 찾아왔다. 고향의 프로구단 세인트루이스 카디널스(Saint Louis Cardinals)에서 입단 제의가 온 것이다. 하지만 터무니없는 계약금에 실망한 그는 뉴욕 양키스(New York Yankees)와 계약했다. 인도의 요가 수행자처럼 땅딸해 보여서 '요기(Yogi)'라는 별명이 붙은 그에게 카디널스의 단장 브랜치 리키(Wesley Branch Rickey)는 "성공해 봤자 마이너리그 트리플 A가 고작일 거야"라는 냉소적 평가를 남겼다.

하지만 그는 자신의 선택에 후회하지도 좌절하지도 않았고 18시즌 동안 양키스의 유니폼을 입고 열 번이나 월드시리즈 챔피언에 오른 전설적 존재가 되었다. 선수 은퇴 후에는 뉴욕 메츠(New York Mets)의 감독으로 활약했다. 1973년 시즌 중반, 게임 차는 적지만 꼴찌를 달리고 있던 때 한 기자가 그에게 "시즌이 끝난 건가요?"라고 물었다. 그는 "끝날 때까지는 끝난 게 아니다"라고 대답했고 이 말은 훗날 야구계 최고의 명언 중 하나가 되었다. 메츠는 비록 그해의 우승은 놓쳤지만 우여곡절 끝에 월드시리즈까지 진출하는 기염을 토했다. "야구는 90%가 멘탈이다"는 확신을 증명한 것이다.

일의 성패는 때로 아주 사소한 것에 달려 있다. 사람들은 뭔가를 실행하기 전 결심을 한다. 결심이 서게 되면 그다음으로 최대한 많은 정보를 수집한다. 성공했던 경험이나 실패의 교훈, 유용한 사이트 등을 통해 수없이 많은 정보를 수집한다. 그러나 정보만 수집하고 결행하지 못한다면 그것은 백미러만 보고 자동차를 운전하는 것과 다른 바 없다. 물이 99℃로 뜨거워도 100℃에 못 미치면 끓지 못하듯 어떤 일도 중간에 포기하면 아니 감만 못하다.

사이클 경주나 달리기, 스케이트 등 대부분의 경주 스포츠에서 승부를 가늠하는 결정적인 자리는 출발도 과정도 아닌 골인 지점, 종착지이다. 셰익스피어 희곡 제목처럼 세상일도 "끝이 좋으면 다 좋다(All's Well That Ends Well)."

아버지의 교훈

아버지에게 들은 '플러스 사고(긍정적 사고)'라는 말을 지키고 있다.

스즈키 이치로(鈴木一朗, 야구 선수)

868년 지금으로부터 천 년도 더 된 신라 남쪽의 6두품 집안에서 있었던 일이다. 12살 어린 나이에 새로운 문물을 배우기 위해 당나라로 떠나는 아들을 보며 아버지는 이별의 아픔으로 가슴이 먹먹했지만 비장한 한마디를 남겼다.

"10년 안에 과거에 급제하지 못하면 내 아들이 아니니 단단히 각오해라."

아비로서 차마 못 할 소리 같지만 때로는 준엄하고도 비장한 배수진의 각오가 필요하다. 초나라 장수 항우(項羽)도 진나라 군대를 치러갈 때 부하들에게 사흘 치 식량만 챙기고 솥을 모두 깨뜨리라는 '파부침주(破釜沈舟)'의 각오를 다지게 했다.

집도 언어도 낯선 그곳에 도착한 지 6년이 지난 어느 날, 신라 청년 최치원은 다소 불안한 듯 그렇지만 당당한 모습으로 당황제 희종 앞에 섰다.

"어떻게 공부를 했기에 너는 당나라 학자들이 나이가 들어 공부해도 붙기 힘든 빈공과에 18세의 어린 나이로 장원급제했단 말이냐?"

순간 어린 최치원은 고향을 떠날 때 아버지와 한 약속을 떠올리며 분명하고도 또렷하게 답했다.

"인백기천(人百己千)."

다른 사람이 백배 노력하면 본인은 천배의 노력을 쏟겠다는 다부진 결의다. 실제로 최치원은 졸음을 내쫓기 위해 상투를 매달고 가시로 살을 찌르며 남보다 열배 이상의 노력을 기울였다. 그 결과 874년 18세의 나이에 장원 급제라는 쾌거를 이룬다.

농구 황제 마이클 조던(Michael Jordan)에게도 아버지의 존재는 특별했다. 조던은 또래 친구들보다 신체적 조건이 뛰어나지 않아 고등학교 2학년 때 학교 대표팀 선발에서도 탈락했다. 이 일을 계기로 그가 농구를 포기하려 했을 때 아버지는 다정하지만 냉철하게 말했다.

"시도하지 않으면 아무것도 이룰 수 없다."

시카고 불스(Chicago Bulls) 스타디움 경비원의 증언대로 그는 최고의 선수였음에도 불구하고 경기 시작 몇 시간 전에 코트에 나와 자유투 연습에 열중하곤 했다. 그를 황제의 반열에 오르게 한 것은 단 하나, 연습 또 연습이었다. 그래서 연습에 관한 조던의 명언은 아직까지도 회자되고 있다.

"나는 선수시절 9,000번 이상의 슛을 놓쳤다. 300번의 경기에서 졌다. 경기를 뒤집을 수 있는 슈팅 기회에서 26번 실패했다. 나는 인생에서 실패를 거듭해 왔다. 이것이 내가 성공한 정확한 이유다."

UCLA 농구팀 감독으로 12년 동안 88연승과 4시즌 연속 우승, 10차례 NCAA(전미대학선수권) 내셔널 챔피언십 우승이라는 대기록을 세운 존 우든(John Wooden)에게도 아버지의 존재는 특별했다. 그의 아버지는 기회가 있을 때마다 아들에게 조언했다.

"최선을 다하는 것을 멈추지 마라."

"최선을 다했다면, 그것이 곧 성공이다."

우든은 아버지의 가르침을 늘 마음에 새기면서 선수들에게 솔선수범하는 모습을 보였다. 가정에서도 마찬가지였다. 그는 고등학교 때 만난 넬리(Nellie Riley)와 21세에 결혼하여 1985년 그녀가 죽기까지 53년간 해로했다. 아내가 먼저 세상을 떠나자 그녀와의 추억을 회상하면서 25년 동안 매달 21일에 아내에게 편지를 쓰는 의식을 치렀고 사랑의 연서를 담은 편지를 아내의 베개에 차곡차곡 쌓아 두었다. 첫사랑 못지않게 끝사랑의 진수를 보여준 셈이다.

내 경우도 아버지와의 잊지 못할 추억이 있다. 첫 대학입시에 고배를 마시고 절치부심하여 다시 시험을 보러 가는 날 아버지께서는 쓰고 난 편지

봉투를 뒤집어 두 쪽 난 하얀 종이 위에 서둘러 글귀를 써주셨다. 급하게 쓴 글씨였지만 굵고 강력한 글귀였기 때문에 아직도 잊지 못한다.

"약해지면 안 된다."

아버지라면 막일을 하는 사람도, 선생을 하는 사람도, 많이 배우지 못한 사람도, 남과 장사하는 사람도, 남을 다스리는 사람도 때로는 용감하고 위대해질 수 있다. 하지만 동시에 아버지들의 가슴에는 외로움이 절반이다. 그래서 김현승은 자신의 시 「아버지의 마음」에서 말했다.

…… 아버지의 눈에는 눈물이 보이지 않으나

아버지가 마시는 술에는 항상

보이지 않는 눈물이 절반이다.

아버지는 가장 외로운 사람이다.

아버지는 비록 영웅이 될 수도 있지만…….

나는 다만
달릴 뿐이다

가장 힘든 일은 꾸준히 해내는 것이다.

박찬호(야구 선수)

1960년 로마 올림픽에서 이탈리아의 식민지였던 에티오피아의 아베베 비킬라(Abebe Bikila) 선수가 42.195㎞를 맨발로 달려 2시간 15분 16.2초 라는 기록으로 우승했다. 수많은 아프리카 국가가 식민지에서 독립하던 1960년대 그의 금메달은 에티오피아는 물론 아프리카가 받은 첫 번째 금메달이었고, 아프리카인들에게 감동과 자부심을 심어주었다. 4년 뒤 도쿄 올림픽에서 그는 또다시 우승했다. 소감을 묻는 기자들에게 그는 "나는 다만 달릴 뿐이다"라는 유명한 말을 남겼다.

1968년 10월 20일, 멕시코 올림픽에서 세계의 이목은 로마와 도쿄 올림픽에서 연거푸 우승한 맨발의 비킬라 선수가 올림픽 3연패라는 금자탑을 이룰 것인지에 집중되었다. 애석하게도 비킬라는 연습 중에 경골절 부상을 당해 경주를 중도에 포기해야 했고, 우승은 동료인 마모 월데(Mamo Wolde)에게 돌아갔다. 설상가상으로 다음 해에는 빗길 교통사고로 인해 하반신이 마비되기에 이르렀다. 하지만 그는 절망하지 않았다.

"내 다리는 더는 달릴 수 없지만 나에겐 두 팔이 있다."

비킬라는 스토크 맨드빌(Stoke Mandeville) 휠체어 게임에서 양궁 선수로 출전하였고, 노르웨이에서 열린 장애인올림픽에서 금메달을 획득했다. 하지만 1973년 교통사고의 후유증을 이겨내지 못하고 41세의 나이로 세상을 떠났다. 그는 떠났지만 그가 남긴 말 중에 아직도 회자되는 명언이 있다.

"나는 남과 경쟁하여 이긴다는 것보다 자신의 고통을 이겨내는 것에 대해 언제나 생각한다. 고통과 괴로움에 지지 않고 마지막까지 달렸을 때 그것은 승리로 연결되었다."

그런데 바킬라가 중도에 경주를 포기하고 우승자가 골인하고도 별다른 이벤트도 없이 막이 내려지려는 1968년 멕시코 올림픽 스타디움의 주인공은 따로 있었다. 어둠이 내리기 시작하는 스타디움이 갑자기 술렁거리기 시작했다. 사이렌 소리와 함께 흑인 선수 한 명이 붕대를 감은 다리를 절뚝거리며 들어왔기 때문이었다. 그가 마지막 한 바퀴를 간신히 돌자 관중들은 우레와 같은 박수를 보냈다. 그는 아프리카의 가난한 나라 탄자니아 대표로 출전한 '존 스티븐 아쿠와리(John Stephen Akhwari)'였다. 호기심 어린 눈으로 그 광경을 지켜보던 다큐멘터리 제작사 버드 그린스펀(Bud Greenspan)이 그에게 다가가 물었다.

"이토록 심한 부상을 입고도 왜 완주를 고집한 겁니까?"

그는 고통 속에서도 신음처럼 나지막한 소리로 대답했다.

"내 조국은 경주에서 출발하라고 이 먼 멕시코까지 나를 보낸 것이 아닙니다. 그들은 경주를 완주하라고 나를 이곳까지 보낸 것입니다."

2004년 아테네 올림픽 마라톤 경기에서 엉뚱한 광신도의 출현으로 경기장이 이내 술렁거렸다. 브라질의 반데를레이 리마(Vanderlei Lima) 선수는 '마의 구간'을 선두로 달리고 있어 우승이 유력한 상황이었다. 그런데 어느 순간 아일랜드 출신의 종교 광신도로 알려진 관중 한 명이 도로에 뛰어들어 달리던 리마 선수를 밀치는 바람에 그는 인도까지 떠밀려 넘어졌다. 다시 일어나 질주를 계속했으나 이미 무너진 페이스를 찾기는 역부족이었다. 하지만 그는 포기하지 않고 끝까지 달려 양팔을 비행기 날개처럼 펼치며 3위로 골인하였고, 페어플레이를 한 선수에게 주어지는 피에르 드 쿠베르탱 메달(Pierre de Coubertin Medal, 이하 쿠베르탱 메달)을 받았다. 사람들은 그해 월계관의 주인공보다 리마를 더 기억하게 되었다.

올림픽에서 스포츠맨십을 발휘한 선수들에게 수여하는 '쿠베르탱 메달'은 금메달 이상의 가치를 지닌다. 2016년 리우 올림픽 여자 육상

5,000m에 출전해 넘어진 서로를 도우며 끝까지 결승선을 통과한 니키 햄블린(Nikki Hamblin)과 애비 디아고스티노(Abbey D'Agostino) 선수도 쿠베르탱 매달의 수여자다.

육상 여자 5,000m 예선에서 뉴질랜드 대표인 햄블린과 미국 대표인 디아고스티노는 결승선을 2,000m 정도 앞두고 넘어지는 불상사를 겪었다. 디아고스티노는 트랙에 넘어져 울음을 터뜨린 햄블린에게 다가가 손을

햄블린과 디아고스티노

내밀며 함께 완주하자고 독려했다. 힘을 얻은 햄블린이 다시 달리려 할 때 무릎을 다친 디아고스티노가 쓰러졌다. 햄블린은 디아고스티노가 일어나는 것을 도왔다. 끝까지 포기하지 않은 두 선수는 완주 직후 뜨거운 포옹을 나눴다. IOC와 CIFP(Comité International pour le Fair Play, 국제페어플레이위원회)는 진정한 올림픽 정신을 보여준 두 선수에게 쿠베르탱 메달을 수여했고 그들은 메달의 18번째 주인공이 되었다. 메달 획득이라는 치열한 경쟁 속에서도 "스포츠에 의한 인간 완성과 경기를 통한 국제 평화 증진"이란 진정한 올림픽 정신은 쿠베르탱이 강조한 가치를 그대로 실현한 것이었다.

쿠베르탱은 "인간에게 중요한 것은 성공보다 노력하는 것"이라고 했다. 달리는 사람에게 중요한 것은 다만 달리기에 열중하는 것이다. 승리의 월계관은 본질과는 다른 부차적인 부상인 셈이다.

나이를 초월하는
그 무엇

건전한 마음과 건강을 갖고 있는 한 나이는 숫자에 불과하다.

노먼 코윈(Norman Corwin, 작가 겸 영화감독)

    랄프 왈도 맥버니(Ralph Waldo McBurney)는 104세가 되던 2006년 10월, 미국의 최고령 근로자로 선정되어 모범적인 노동윤리를 보여주었다. 102세 였던 2004년에는 기념비적인 책 『My first 100 years!』를 출간하여 세간 의 주목을 받기도 했다. 그가 나이를 초월하는 비결은 그의 취미인 '달리기'였다.

골퍼들에게는 흔히 4대 기념일이라는 것이 있다. 처음으로 100타를 깬 날, 홀인원한 날, 싱글 핸디캡을 달성한 날, 에이지 슈터(Age Shooter)가 되는 날이 그것이다. 에이지 슈트(Age Shoot)란 18홀 라운드에서 자신의 나이나 그 이하의 타수를 기록하는 것을 뜻한다. '골프 전설'로 불리는 샘 스니드(Sam Snead)는 최초의 에이지 슈터로 불리는데 그는 1979년 미국 PGA투어 쿼드 시티(Quad City) 오픈 최종 라운드에서 66타를 기록했다. 당시 그의 나이 67세였다.

1911년에 태어난 PGA 멤버 거스 안드레원(Gus Andreone)은 세계 최고령 골퍼로 진기록을 세웠다. 유명한 프로 선수는 아니지만 자신만의 방식으로 골프를 즐기면서 총 8번의 홀인원을 기록했다. 그중 2014년 12월 만 103세의 나이에 플로리다의 팜 에어(Palm Aire) 골프장 레이크 코스 14번 홀(113 야드)에서 기록한 홀인원은 세계 최고령 홀인원으로 기록되었다.

나이를 초월할 수 있었던 그만의 비결은 규칙적인 삶과 긍정적인 태도였다. 그는 오전에 눈을 뜨자마자 자전거 페달 돌리기, 스트레칭 등을 하고 가능한 날씨라면 30분간 수영을 했다. 저녁을 먹은 뒤에는 반 블록 정도를 걸었다. 팜 에어 골프장의 헤드 프로인 제이 세이무어(Jay Seymour)는 "그에게 나쁜 날은 전혀 없어 보인다. 플레이를 하다가도 멈춰 서서 다가가 악수를 청하는 걸 즐긴다. 그는 우리 골프장의 얼굴 그 자체"라고 했다.

101세의 나이에 '허리케인'이라는 재미있는 별명을 가지고 있는 사람도 있다. 바로 미국 루이지애나 출신의 줄리아 호킨스(Julia Hawkins)라는 여성으로 앨라배마 주 버밍햄(Birmingham)에서 열린 전미(全美) 시니어 스포츠 게임의 '100세 이상 여성 100야드(약 91.4m) 달리기 부문'에 출전하여 39.62초로 신기록을 세우며 우승했다. 절반 거리인 50야드 달리기에서도 18.31초로 가장 먼저 테이프를 끊은 그녀는 경기 후 현지 매체와의 인터뷰를 통해 "식이조절, 운동, 좋은 남자(반려자), 분주한 생활 등 네 가지가 건강을 지키는 비결"이라고 말했다. 특히 그녀는 2013년 95세 나이로 먼저 세상을 떠난 남편을 잊지 못하면서 "좋은 사람을 만나는 건 놀랍고 경이로운 일"이고 "그것이 건강한 삶에 가장 중요한 요소"라고 강조했다.

1971년 니그로리그(Negro Leagues) 출신 선수 중 최초로 명예의 전당에 오른 사첼 페이지(Satchel Paige)라는 선수가 있다. 그는 미국의 훌륭한 야구 선수였던 사이 영(Cy Young)이나 놀란 라이언(Nolan Ryan) 등과 비교해도 손색없는 훌륭한 투수로 잘 알려져 있다. 페이지는 흑인이라는 이유로 42세의 늦은 나이에 메이저리그에 입단해 47세이던 1953년까지 활동했다. 이후 1965년 59세의 나이에 캔자스시티 애슬레틱스(Kansas City Athletics)의 선수로 출전하여 3이닝을 무실점으로 던져 많은 이들을 놀라게 했다. 페이지는 "만약 당신이 나이를 잘 모르겠으면, 내가 과연 몇 살이었으면 좋겠는지를 먼저 생각하라"고 말하곤 했다. 40년 이상을 투수로 활약했지만 생일이 미스터리로 남아 있었던 그는 자신의 나이를 묻는 사람들에게 "나이는 육체적, 물질적인 것이라기보다는 정신적인 것이다"라고 했다.

처한 환경이 다급하거나 사정이 절실하다면 나이는 문제가 되지 않는다. 케냐 출신의 미국 육상 선수 버나드 라가트(Bernard Lagat)는 2010년 36세 나이에 카타르 도하에서 열린 제13회 세계육상선수권대회 마지막 날 남자 3,000m 결승에 출전하여 역대 최고령 챔피언에 이름을 올렸다. 육상 선수로서는 '환갑'을 넘긴 라가트의 우승을 예상한 전문가는 거의 없었다. 오히려 '한물간 선수'라고 수군거렸다. 하지만 그는 개의치 않고 자기만의 페이스를 유지해 2위 그룹을 10m 이상 따돌리는 압도적인 레이스를 펼쳤다.

이듬해 그는 대구 세계육상선수권 대회 남자 5,000m에서 참가하여 영국의 모하메드 파라(Mohamed Farah)보다 0.28초 뒤진 13분 23.64초에 골인하기도 했다. 케냐 선수로 출전해 시드니 올림픽 1,500m에서 동메달을 획득한 라가트는 한 언론의 인터뷰에서 유독 케냐에서 훌륭한 육상 선수가 많이 배출되는 이유에 대해 농담 섞인 대답을 하기도 했다.

"길가에 세워진 경고판 때문입니다. 뭐라고 적혀 있는지 아십니까? 사자조심!"

일등경험?
작은 곳에서부터
시작해 봐!

매일 하나씩 이룰 수 있는 작은 발전을 찾아라.
그것이 변화를 만들어 내는 유일한 방법이다.

존 우든(John Wooden, 농구감독)

미식축구는 신대륙으로 건너온 개척자들이 유럽에서 하던 축구와 럭
비를 바탕으로 만든 스포츠 경기다. 이를 프로화한 것이 NFL(미국미식축구
연맹)이다. 양대 리그인 NFC(National Football Conference)와 AFC(American Foot-
ball Conference) 우승팀이 겨루는 챔피언 결정전을 '슈퍼볼(Super Bowl)'이라

한다. 어떤 이벤트보다 어떤 스포츠보다 미국인들은 미식축구를 좋아한다. 슈퍼볼은 그들에게 축제와 다름없다. 슈퍼볼이든 아마추어 미식축구든 경기 방식은 서부개척 당시 미국의 국민성을 반영하고 있는 듯하다. 공격과 방어가 분명하게 나뉘어 상대방 골을 향해 조금씩 전진하다가 터치다운(Touch Down)해서 점수를 올리기 때문이다. 이러한 속성에 주목하여 미식축구를 인치(Inch) 게임이라고도 한다.

우리는 종종 운동 경기, 사업, 학업에 있어서 한 방에 큰 건을 터뜨려 '대박'을 내고 싶은 충동을 느낀다. 하지만 미식축구처럼 조금씩 전진하고 하나씩 해나가는 것만으로도 성공에 이를 수 있다.

탐험가 바비 리치(Bobby Leach)는 치밀하게 준비하여 원통 하나로 나이아가라 폭포 위에서 뛰어내렸다. 그는 상처 하나 없이 살아남아 박수갈채를 받았지만 정작 아주 편한 동네 길을 가다가 길에 버려진 오렌지 껍질에 미끄러져 큰 골절상을 입었다. 이처럼 우리는 큰 것에만 몰두하면서 오히려 사소한 것에 주목하지 않을 때가 많다. 그리고 그 사소하고 작은 것으로 큰 피해를 입는 경우도 허다하다.

세계적인 스타의 반열에 오른 선수들 가운데에도 작은 게임에 치중하여 큰 성과를 거두는 예가 많다. 2015년 9월 총상금 4,230만 달러(약 497억 원) 규모의 2015 'US 오픈'에서 노박 조코비치(Novak Djokovic) 선수가 '테니스 황제'로 불리는 로저 페더러(Roger Federer)를 3대 1로 꺾고 정상에 올랐다.

조코비치는 그 시즌에 '호주 오픈(Australian Open)'과 '윔블던(Wimbledon)'에

이어 'US 오픈'마저 거머쥐며 4대 메이저대회 중 '프랑스 오픈(French Open)'만을 제외하고 3개 대회 독식이라는 괴력을 발휘했다. 그는 2011년 이후 4년 만에 US 오픈 챔피언십을 탈환했고 우승상금만 330만 달러(약 39억 원)를 챙겼다. 2003년 데뷔한 그는 통산 상금 액수를 8,844만 4,918달러(약 1,000억 원)로 늘렸다. 2010년까지만 해도 페러더는 물론 라파엘 나달(Rafael Nadal)에게도 밀려 3인자로 만족해야 했던 그에게 무슨 일이 있었던 것일까? 그것은 바로 한 대회에서 거둔 소중한 '1등 경험' 때문이다.

조코비치는 2010년 개최된 데이비스 컵(Davis Cup)에서 1등을 거머쥐었고 그 경험이 그의 마음가짐을 완전히 바꾸는 계기가 되었다. 데이비스 컵은 프로 선수가 총망라하여 참여하는 남자 테니스 국가 대항전으로 흔히 테니스 올림픽으로 불린다. 2010년 그는 프랑스와의 결승전에서 2승을 챙겨 조국 세르비아의 우승에 주역이 되었다. 그런데 데이비스 컵은 국가대항전이기 때문에 우승이나 랭킹 포인트는 월드컵처럼 국가의 몫이 된다. 따라서 빡빡한 경기 일정과 컨디션 등을 고려하면 톱 랭커들에게는 그다지 구미가 당기는 대회가 아니다. 하지만 전문가들은 데이비스 컵 우승이 조코비치에게 새로운 동기를 가져다준 계기가 되었을 것으로 진단한다.

"창업(創業)보다 수성(守成) 더 어렵다."

고사에서 알 수 있듯 챔피언이나 1등을 한 사람들에게는 디펜딩 챔피언(Defending Champion), 즉 최고의 자리를 지키기 위해 엄청난 노력과 혹독한 연습이 요구된다. 챔피언을 노리는 수많은 경쟁자의 틈바구니에서 그들이 자리를 유지할 수 있는 원동력은 1등 경험으로 생겨난 자부심과 거

노박 조코비치

기에 상응하기 위한 강한 정신력과 끈기다.

이처럼 작은 행동이 이후의 행동을 저절로 유도한다는 것을 '행동점화(Behavioral Priming)'라 한다. 특정한 행동이 그다음의 행동을 특정한 방향으로 점화시킨다는 것이다. 행동이나 경험은 마음에만 영향을 주는 것이 아니라 그다음 행동, 성과에도 직접적인 영향을 끼친다.

인간의 한계에 도전한 마라토너나 험준한 산악을 정복한 등산가, 장거리 수영 선수, 최고의 챔피언들에게 나타나는 공통적인 특징 가운데 하나는 최종 목표가 아니라 마디 목표에 집중하고 마디마다 최선을 다해 작은 성과의 기쁨을 맛본다는 것이다. 스포츠나 기업, 신체기능도 비슷하다. 작은 분야에서 경험한 승리의 기쁨, 점점 건강해지고 있다는 자부심이 기반이 되어 점차 영역을 넓혀 부동의 챔피언을 만든다.

심리학자 칼 와익(Karl Weick)은 "작은 성공의 경험은 무게감을 줄이고(별 거 아니군) 노력의 요구량을 감소시키며(이만큼 하면 된다) 스스로 생각하는 능력 수준을 높인다(난 이것도 할 수 있잖아?)"고 한다. 이겨 본 사람이 이기는 방법을 알게 되고 이기는 습관을 지닌 사람이 이기는 사람이 되는 것이다. 사소한 곳에서의 1등 경험이 결국 챔피언의 밑거름이 된다.

03

열정

———

네버엔딩 스토리

미쳐야(狂) 미친다(及)

Best to Perfect

운명의 신이 미안해하기까지

목표를 이루는 힘

Passion

네버엔딩 스토리

스포츠는 일에 있어서 어떤 결단을 내릴 것인지,
또 힘든 훈련을 어떻게 해낼 것인지 등 우리에게 많은 것을 가르쳐 준다.

니콜 헤즐렛(Nicole Haislett, 수영 선수)

"200군데가 넘는 출판사에서 출판 요청이 들어왔습니다."

비서의 말을 들은 피터 드러커(Peter Drucker)는 "아마 앞으로 좀 더 들어올 거야"라고 중얼거렸다. 아흔이 훨씬 넘은 나이에도 그는 3년마다 완전히 새로운 분야를 공부하면서 책을 쓰는 데 골몰했다.

그런 집념의 뿌리는 18세 때 겪은 작은 사건에서 시작되었다. 드러커는 음악의 도시 비엔나에서 베르디(Giuseppe Verdi)의 오페라를 관람했다. 그때 연주된 작품은 '팔스타프(Falstaff)'였다. 이 작품은 베르디의 작품 중 최고로 평가받지만 당시의 오페라 가수나 청중들은 너무 어렵다고 평가했다. 베르디는 인생의 연륜이 농익은 80세 때 팔스타프를 작곡했다. 당시 평균 수명이 50세 정도였으니 상당한 고령이었음을 알 수 있다. 드러커는 이 작품의 생명력, 신비성, 깊이에 큰 충격을 받았다고 한다. 96세로 생을 마감하기 전까지 학문적 열정을 끊임없이 불태웠던 드러커에게 한 번은 기자가 이렇게 물었다.

"저술한 책 가운데 저에게 권하고 싶은 책은 무엇입니까?"

그는 짧게 대답했다.

"다음에 나올 책입니다."

스포츠만큼 열광적인 것도 드물다. 스포츠에 열광하는 주체는 대체로 자발적인 집단이다. '집단'은 통상 일정한 시간에 자주 의사소통을 하는 사람들로 이뤄진다. 주로 지역적 인접, 이해, 가치관, 교육, 연령, 지위, 종교, 정치 성향 등에 따라 집단이 형성될 수 있으며, 근접성과 유사성이 단단해질 때 집단행동으로 발전하기도 한다. 이러한 집단은 구성원의 결합 형태에 따라 공동사회와 이익사회로 분류되기도 하고 구성원의 접촉방식에 따라 1차 집단, 2차 집단으로 구분되기도 한다.

집단현상 가운데 뚜렷한 목적이나 이해관계는 없지만 일시적 동기로 인연이 되어 모이는 집단이 있다. 버스나 엘리베이터 안의 승객들이 그렇다. 브라운(F. J. Brown)의 개념을 빌리자면 TV 앞에서 올림픽 개막식을 보며 열광하는 대중, 골대 그물망을 흔들 때 순간적으로 포효하는 대중은 3차 집단이다. 즉 스포츠가 우리를 하나의 집단으로 묶어주는 것이다.

프로야구 초창기 스포츠 신문에 경기의 정보를 의존했던 때, 신문 판매량을 좌우하는 것은 연고지 응원팀의 승전보였다. 자신이 응원하는 팀이 승리했을 때 독자들은 빤히 내용을 알면서도 전날의 감동을 되새김하려는 듯 기분 좋게 신문을 사서 읽었다. 따라서 패했을 때 신문사는 판매량을 각오해야 했다. 혹은 서둘러 가판을 찍어 승리의 예상지로 대체하는 센스를 발휘해야 했다.

올림픽 경기가 한창일 때 택시 기사에게 "요새 살맛 나시지요?"하고 물었다. 그러자 택시 운전자가 대답했다.

"우리 선수들이 이기는데 왜 안 좋겠어요. 그런데 생각하면 화가 나요. 선수들은 상금을 타지만 응원하는 우리는 뭐 달라진 거 있나요?"

일견 맞는 말이다. TV 앞에만 시민들이 모이는 바람에 택시 손님은 줄어들었을지도 모른다. 또한 메달리스트의 포상금 때문에 상대적 박탈감을 느낄 수도 있다. 그럼에도 큰 포물선을 그리며 담장을 넘어가는 홈런볼, 물살을 가르는 수영 선수의 역주, 힘차게 솟구치는 점프 슈터(Jump Shooter), 높이뛰기의 아름다운 비상에서 일종의 종교적 영성을 체험했다고 주장하는 사람도 있다. 이런 사람은 스포츠의 매력을 미학적 개념에서 찾으려고 하는 경향이 있다고 스탠퍼드대 교수인 한스 굼브레히트는 주장했다.

스포츠의 승자가 환희에 휩싸일 때 패자는 눈물로 회한의 가슴을 쓸어내린다. 스포츠는 적과 동지의 구별이 뚜렷하고 승자와 패자의 감정도 선명하게 다르다. 도덕을 '선과 악'으로, 미학을 '아름다움과 추함'으로, 경제를 '이익과 해로움'으로, 정치를 '적과 동지'로 구분할 수 있다는 독일 법학자 칼 슈미트(Carl Schmitt)의 견해에 따르자면 스포츠는 동지와 적의 구별이 확연한 정치적 개념이다.

'헤드 페이크(Head Fake)'는 구기 종목이나 마술에서 사용하는 용어로 농구나 미식축구에서 선수가 머리를 어느 한쪽으로 움직여 상대방의 시선을 그쪽으로 유도하고 본인은 반대쪽으로 움직이는 것을 말한다. 이 용어가 주목받게 된 것은 죽음 앞에서도 삶의 용기를 잃지 않았던『마지막 강의』의 주인공인 미국 카네기멜론대학의 랜디 포시(Randolph Pausch) 교수 덕분이다. 그가 생각하는 '헤드 페이크'는 어떤 과정에 푹 빠져들 때까지 배우는 사람이 진정 배우고 있는 것이 무엇인지 모르게 하는 속임수다.

축구, 수영, 태권도 등을 배울 때 경기의 룰만 익혀서는 안 된다. 그보다 훨씬 더 중요한 가치인 팀워크, 인내심, 스포츠맨십, 열심히 노력하는 것의 가치, 역경을 이겨내는 능력도 배워야 한다. 이것이 바로 스포츠가 창출해 낼 수 있는 우회적인 가르침, 즉 '헤드 페이크'인 것이다.

내가 응원하는 팀이 경기를 잘하거나 좋아하는 선수가 기록을 깨는 것은 당장 나에게 어떠한 수익도 가져다주지 않는다. 하지만 우리 사회의 정치·경제·사회적 이슈에 비하면 '기껏해야 주변적인 주제'인 스포츠가 환희 이상으로 우리에게 감동을 주는 이유는 그 자체로 또 하나의 살아갈 이유를 만들기 때문이다. 스포츠는 열광 속에서 열리고 또 끝을 맺는다. 그러나 그 감동의 에너지는 결코 끝나지 않는 우리들의 네버엔딩 스토리다.

미쳐야(狂) 미친다(及)

야구에 대한 나의 열정은 스피드 건에 기록되지 않는다.

톰 글래빈(Tom Glavine, 야구 선수)

야신(野神)으로 불리는 김성근 감독은 현역시절 야구만 생각하는 사람으로 알려져 있었다. 그가 강조한 야구의 교훈 가운데 하나는 "자신의 과거에게 먹이를 주지 말라"이다. 특히 야구 인생에서 자그마한 좌절을 맛본 선수들에게 그는 늘 "과거에서 벗어나라"고 조언한다. 화려한 과거

든 좌절의 기억이든 지나간 일들은 교훈을 줄 수 있을지언정 현재를 바꿀 수는 없기 때문이다. 야구 지망생이었을 때와 독립구단 '고양 원더스(Goyang Wonders)' 감독이었을 때 그리고 기업에서 강의할 때마다 그가 늘 강조하는 말이 있다.

"천직은 자기가 만들어 간다. 모든 것에는 즐거움이 있어야 한다. 야구도 마찬가지다."

추사 김정희가 24세에 북경을 잠시 방문했을 때, 그는 중국 역대 문필가의 글씨체를 연구하고 그들의 장점을 모아 추사체로 불리는 최고의 글씨체를 만들어 냈다. 덕분에 그는 현재까지 천재 예술가로 칭송받고 있다. 김정희는 문과급제 후 성균관 대사성, 이조참판 등을 역임했다. 이후

제주도 유배와 귀양의 굴곡진 삶에서 그를 지탱시켜 준 것은 미칠 정도의 치열한 예술혼, 그것이었다. 말년에 김정희가 권돈인에게 보낸 편지의 내용 가운데 "70년 동안 벼루 열 개를 갈아 없애고, 천여 자루의 붓을 닳게 했다(磨穿十研 禿盡千豪)"라는 말이 있다. 그 정도로 그의 예술에 대한 열정은 끝이 없었다.

나에게도 개인적인 보물이 있다. 그것은 다름 아닌 매일 꾸준히 성경을 필사하면서 닳은 볼펜심이다. 처음에는 네 가지 색깔이 들어있는 볼펜을 만원 넘게 주고 새로 구입하곤 했는데 볼펜심만 따로 판다는 것을 알고서 때마다 볼펜심을 갈아 끼우고 그 잔해는 버리지 않고 소중히 모아 두고 있다. 어느덧 1년 치 분량을 모아 한주먹 가량 되는데 그 잔해들을 바라볼 때마다 남모를 희열과 보람을 느낀다.

자신의 일에 미치는 예는 스포츠나 예술, 종교뿐이 아니다. 인텔의 창업자 앤드류 그로브(Andrew Grove) 회장은 '미친 자만이 살아남는다(Only the paranoids survive)'는 다소 도발적인 어조의 회사 구호를 정했다. 뭔가에 미친다는 것은 변화에 뒤떨어지지 않도록 동기를 부여하기 때문에 무한경쟁의 시대에는 더욱 필요한 가치라는 자신만의 사업 철학을 강조한 것이다.

그렇다면 미친다는 것은 무엇인가? 그것은 자신이 하는 일에 온전히 몰두하는 것이다. 시간을 초월하여 연습에 집중하고 그 결과에 승복하는 것이다. 따라서 미치는 사람은 승부에서 비록 이겼다 할지라도 자신이 정해둔 목표를 이루지 못했을 때는 기뻐하지 않는다. 그들은 자신과의 경쟁에서 승리하는 것을 최우선으로 생각하기 때문이다.

폴란드의 피아니스트 이그나치 얀 파데레프스키(Ignacy Jan Paderewski)는 자신에 일에 몰두해 성공을 이뤘던 인물 중 하나다. 그는 어릴 때 피아니스트의 꿈을 가졌으나 무대 위에 설 때 심한 불안감과 공포감을 느꼈고 누군가 등을 떠밀어야만 간신히 연주할 수 있었다. 24세 때 만난 선생님 레셰티츠키(Theodor Leschetizky)는 파데레프스키에게 "너무 늦었어. 너의 손가락들은 훈련이 안되었어. 어떻게 연습해야 하는지도 모르잖아!"라고 했다. 레셰티츠키는 가르치는 것을 단념하고 싶어 했다. 하지만 파데레프스키는 재능, 소질, 전문가들의 비평에 털썩 주저앉기보다는 "바위를 패이게 하는 빗방울의 힘"을 믿고 인내로 연습에 몰두하여 세계적인 피아니스트가 되었다. 나아가 폴란드 최초의 수상이 되기도 하였다. 그는 연습의 중요성을 잘 알고 있었다.

"하루를 연습하지 않으면 내가 알고, 이틀을 연습하지 않으면 평론가들이 알고, 사흘을 연습하지 않으면 관객들이 안다."

한 분야에 "미치면(狂)" 아무리 힘든 일과 다다르기 어려운 정상이라 할지라도 그 목표에 "미치게(及)" 되는 것이다.

Best to Perfect

당신은 바로 자기 자신의 창조자이다.

앤드루 카네기(Andrew Carnegie)

유도 선수 김재범은 2008년 베이징 올림픽에서 독일의 올레 비쇼프(Ole Bischof)와 한판을 펼쳤지만 아깝게 져 은메달에 머물렀다. 그로부터 4년이 지난 2012년 엑셀 런던(ExCeL London) 노스 그리니치 아레나(North Greenwich Arena) 경기장에서 이 둘은 유도 남자 81㎏급 결승전으로 다시 만났고 이번에는 김재범 선수가 이겼다. 경기가 끝난 후 김재범 선수는 인상적인 우승 소감을 남겼다.

"죽기 살기로 했는데 그때는 졌다. 이번에는 죽기로 했고 이겼다. 그게 답이다."

훈련 기간 중 한 방송사가 제작한 프로에서 김재범은 이렇게 말했다.

"올림픽에서 지면 후회가 심할 것 같아요. 그 순간이 얼마나 된다고 ……. 그 뒤에 쉴 날이 얼마나 많은데요. 어깨와 팔꿈치 다친 거? 고질병? 전 그렇게 생각해요. 지금부터 6개월만 버티면 돼요. 6개월 뒤에 수술대 위에 올라가서 어떻게 되든 말든 몸과 마음을 6개월만 더 쓰고 그때까지만 버텨 줬으면 좋겠어요."

더는 올라갈 곳도 없고 올라갈 필요도 느끼지 않았을 그는 2년 후 인천 아시안게임에 출전했다. 부상의 고통에도 불구하고 김재범은 인천 아시안게임 시상대 가장 높은 곳에 섰다. 그리고 "1% 중의 1%가 되고 싶었다"고 말했다.

전체 유도 선수 가운데 그랜드슬램에 성공하는 이는 1%뿐이다. 거기서 만족하면 1%에 불과하다. 하지만 김재범은 그 1% 가운데서도 최고가 되고 싶다고 했다. '1% 중의 1%', 계산하면 0.01%가 된다. 1만 명 가운데 한 명이 바로 0.01%다.

올림픽이나 세계선수권에서 국가대표가 되는 것도 어려운데 그곳에서 승리한다는 것은 더욱 어렵고 드문 일이다. 이 같은 대회에서 승리하는 프로 선수들에게는 일반인에게서 찾아볼 수 없는 성공 DNA가 존재한다. 상대방과 겨뤄 이기는 우승의 기쁨도 있겠지만 그보다 더 절실한 것은 자신만이 추구하는 완벽으로의 도달이다. 베스트(Best)라는 개념은 상대와 겨뤄 최고가 되는 것이다. 하지만 베스트를 넘어 자신이 진정으로 만족하는 것, 바로 퍼펙트(Perfect)로의 도전이다.

"좋은 것은 위대한 것의 적이다.(Good is the enemy of great)"

짐 콜린스(Jim Collins)가 2001년 쓴 책 『좋은 기업을 넘어 위대한 기업으로』에 나온 명문이다. 좋은 상태에 머물러 있는 것은 안주(安住)가 아니다. 그것은 후퇴다. 그래서 『논어』에 이르기를 "학문이란 물을 거슬러 가는 배와 같아서 앞으로 나아가지 못하면 퇴보하는 것이다(如逆水行舟 不進則退)"라고 했다. 그래서 최고의 연주자들도 자신만의 절대음감을 위해 2만 시간 이상을 끊임없이 연습하는 것이다.

한 분야에서 일가를 이룬 주변 사람들을 보면 그들은 누구보다 자신의 가치를 새로이 탈바꿈하는 데 역점을 둔다. 그들은 가장 가까운 가족, 사회, 국가, 세상을 변화시키려 하기보다는 자신의 능력과 역할에 맞는 목표나 수준을 정해 자신만의 만족지수를 높여 나간다.

최고의 수행자, 챔피언은 결과보다 과정을 더 중시한다. 아무리 우승을 했더라도 스스로 자신에게 거는 기대만큼 기량이나 진가를 발휘하지 못하면 그들은 결과에 상관없이 실망한다. 그리고 결과가 비록 패배로 귀결되었더라도 크게 위축되지 않으며 실패하더라도 그것을 재앙으로 받아들이지 않는다. 성공을 위해 애쓴 만큼 실패 역시 과정의 일부로 받아들임으로써 최고의 성과를 거둘 수 있는 마음의 상태를 유지하는 것이다.

그들은 타인과의 경쟁에서 이기는 베스트가 아니라 자신과의 경쟁에서 승리하는 퍼펙트를 추구한다. 퍼펙트란 반드시 최고가 되는 것이 아니다. 자신이 만족할 수 있는 '최적'의 상태라면 퍼펙트인 것이다.

　최고의 수행자와 챔피언이 어느 순간 만족하더라도 그 전제는 최선을 다한다는 것이다. 그들의 과정은 강박적으로 끊임없이 불가능한 목표를 지향하는 부정적 완벽주의가 아니다. 그들은 승부나 목표가 주는 현실적인 모든 것을 받아들이는 건강하고 긍정적인 완벽주의를 가진다. 그런 점에서 탈 벤 샤하르(Tal Ben Shahar)가 주장하는 '최적주의(Optimalism)'와 유사하다.

　래리 겔윅스(Larry Gelwix) 감독은 미국 내 성공적인 코치로 손꼽히는 사람이다. 1973년에 설립된 하이랜드(Highland) 고등학교 럭비팀은 1976년부터 2010년까지 35년 동안 무려 404번의 승리와 10번 패배라는 경이적인 기록을 달성한다. 이러한 놀라운 기록이 가능했던 이유는 선수들의 재능을 경기장 안팎에서 맘껏 발휘하게 한 감독의 리더십 철학 때문이다.

그는 각 선수의 고유한 역량과 강점을 발굴해 사람들 앞에서 공개적으로 이름표처럼 불러주며 선수 스스로가 자신의 강점을 인식하고 실제로 사용하는 방법을 익히도록 했다. 팀이 위기에 직면했을 때 겔윅스는 팀의 주장에게 위임해 스스로가 그 문제를 해결하게 했다. 그는 경기의 승패와 상관없이 늘 선수들에게 다음과 같이 물었다.

　　"오늘 경기에서 최선을 다했나?"

　　"그게 자네의 최선인가?"

　　최선이라는 말은 미국 닉슨(Richard Nixon) 대통령 시절의 국무장관이었던 헨리 키신저(Henry A. Kissinger)의 단골 단어였다. 그는 비서가 정책보고서를 제출할 때면 으레 "이것이 당신의 최선인가?"하고 묻곤 했다. 최선을 다했는지 덜 했는지는 누구보다 자신이 제일 잘 안다. 그래서 그는 자신의 보좌진들이 최선을 다하도록 역량을 끌어 올렸고, 그들은 자신으로선 최선의 결과물을 만들어 내려 했다.

　　'세상을 밝히는 자유'의 상징으로 뉴욕에 높이 서 있는 '자유의 여신상'은 프랑스의 조각가 바르톨디(Frederic A . Bartholdi)가 20년의 노력 끝에 완성한 작품이다. 기부금이 부족하자 그는 자기 재산을 저당 잡히기까지 하면서 작품을 완성했다.

　　특히 46m나 되는 머리 부분은 너무 높아서 아래에서나 지상에서 혹은 옆에서도 그 머리 부분은 볼 수 없음에도 불구하고 머리카락이 아주 섬세하게 조각되어있는 것으로 유명하다. 갈매기나 헬리콥터에 탄 사람이나 볼 수 있을 것 같은 머리카락까지 정교하게 조각한 이유는 무엇일까? 그것은 바로 예술가의 양심이자 완벽을 추구하려는 자신만의 최선이었다.

운명의 신이
미안해하기까지

나는 내 영혼의 선장이며 내 운명의 주인이다.

윌리엄 헨리(William E. Henry, 시인)

스포츠 경기에 운칠기삼(運七技三)이라는 말이 있다. 운이 7할이라면 기술(노력)은 3할이라는 말이다. 특히 경마나 경륜과 같이 내기를 할 수 있는 참여형 스포츠에서는 아무리 막강한 우승 후보라 할지라도 그날의 컨디션에 따라 순위가 바뀔 수 있기 때문에 '잭팟'이 터지곤 한다.

운과 함께 다니는 것 중에는 '징크스'가 있다. 예감이 좋지 않은 불길한 징조나 사건을 말하는 것으로 가령 '경기 전날 수염을 깎으면 경기에 진다'거나 '슈팅한 공이 골대를 맞히면 승부에서 진다', '버디 후에 다음 홀은 망친다'는 식의 속설이 이에 해당한다. 하지만 운이나 징크스는 다분히 자기 합리화나 변명의 수단으로 작용할 때가 많다.

스포츠의 속설처럼 '사람 운명도 정해져 있을까'하는 질문은 해묵은 논쟁거리기도 하다. 그리스신화에서 인간의 운명은 클로토(Klotho)와 라케시스(Lachesis), 아트로포스(Atropos)라는 세 여신에 의해 지배되고 결정된다. 클로토는 운명을 실을 뽑아내며 인간의 탄생을 담당한다. 라케시스는 운명의 실을 감거나 짜는 역할, 즉 인생의 길이를 정하며 아트로포스는 가위로 그 실을 잘라 생명을 거두는 역할을 맡는다. 동양에서도 운명은 그가 출생한 연·월·일·시의 4기에 따라 그의 생(生)·사(死)·화(禍)·복(福)이 달라진다는 사주팔자가 존재한다. 그래서 운명은 타고난다고들 한다. 운명이 정해져 있다면 우린 열심히 살아야 하는 걸까? 아니면 운명에 몸을 맡긴채 순응해야 하는 걸까?

중국 명나라 때 관리였던 원요범(袁了凡)도 한때는 운명론자였다. 아버지를 여읜 그는 어머니의 뜻에 따라 과거 대신 의술로 생계를 꾸리기로 작정했다. 사농공상(士農工商)의 신분제 사회에서 의술은 그야말로 생계형 기술이었다. 그런데 하루는 운명을 예언하는 공노인이 꿈에 나타나 "너는 초시에서 14등, 그다음 시험에서 71등, 마지막 시험에서 9등 할 운명을 타고났는데 왜 과거를 준비하지 않느냐"라고 핀잔하는 것을 듣고 뒤늦게 관가에 입문했다. 그의 운명은 공노인의 말대로 착착 진행되었다. 그런데 공노인이 다시 나타나 "너는 54세 8월 14일 축시에 안방에서 운명할 것"이라고 예언하였다.

공노인의 예언은 이미 원요범에 대해 정확하게 맞추어 그 신빙성이 여실히 증명된 상태였다. 몇 년 뒤 닥칠 죽음에 순응하는 것이 그에게 주어진 운명의 프로그램이었다. 일이 이렇게 되자 원요범은 빤한 생에 대한 애착을 잃게 되었다. 그때 운명의 라케시스는 당대의 선승 운곡(雲谷)을 보내 그의 인생길을 다시 재단했다. 운곡은 "난 그대가 호걸인 줄 알았더니 한낱 범부(凡夫, 이치를 깨닫지 못한 사람)에 불과하구면. 운명이란 모름지기 자신이 만드는 것이고 복은 자신이 구하는 것이네. 그러니 매일 선행을 베풀고 제대로 한번 살아보시게"라고 따끔하게 꾸짖고 돌아갔다. 원요범은 흔들리는 운명 앞에서 지푸라기라도 잡고 싶은 마음이었다. 그는 밑져봐야 본전이라고 생각하고 자신의 또 다른 운명에 도전했다. 이후 원요범은 공노인의 예언과는 달리 과거 1등에 팔자에 없는 아들을 얻고 73세까지 살았다고 한다.

아직까지도 신의 존재에 대해 인간들은 확신하지 못한다. 인간은 신이 아니므로 태초에 신은 그의 영역에 인간이 감히 발을 들여놓지 못하게 했다. 성경의 창세기에 보면 재미 있는 구절이 보인다. 태초에 하나님이 아담이라는 남자를 만들고 나서 그에게 아름답고 먹기 좋은 과실을 가득히 주면서 "동산 각종 나무의 열매는 네가 임의로 먹되 선악을 알게 하는 나무의 열매는 먹지 말라. 네가 먹는 날에는 반드시 죽으리라"며 금지된 명령을 내린다. 그러나 '판도라의 상자'나 '나무꾼과 선녀'의 이야기에서 보듯이 금지된 명령은 깨지기 마련이다. 하나님은 아담이 혼자 있는 것이 안쓰러워 하와라는 배필을 만들어 주었는데 그녀는 뱀에게 꾐을 당해 결국 선악과에 손을 댄다. '돕는 배필'의 사명을 띤 하와의 태클로 인해 아담과 하와는 낙원에서 쫓겨나 실낙원의 신세가 되고 만다.

'파스칼(Blaise Pascal)의 내기'는 신의 존재유무에 대한 변증이다. 파스칼은 신의 존재여부와 인간의 삶의 방식을 각각 두 가지로 나눌 수 있다고 가정했다. 첫째는 신이 존재하는 경우와 존재하는 않는 경우이고 둘째는 사람들이 신이 존재한다고 믿고 사는 것과 존재하지 않는다고 생각하고 사는 것이다.

① 신이 존재하고 실제로 신이 존재하는 것을 굳게 믿고 착실하게 산다면 세상에서 잃는 것이 별로 없고 사후에는 대박을 얻게 될 것이다.
② 신이 존재하는데도 신이 존재하지 않는 것처럼 산다면 죽어서 신에게 혼날지 모른다.
③ 신이 존재하지 않는데도 신이 존재하는 것처럼 산다면 세상에서는 조금 불편하지만 도덕적인 삶이라는 이득을 얻게 된다.
④ 신이 존재하지 않는 것으로 믿고 실제로도 존재하지 않는 것처럼 산다면 죽어도 별로 낫거나 잃을 것이 없다.

「파스칼의 내기」에 따르면 신을 믿는 것은 일종의 보험인 셈이다. 그렇다면 조금은 불편하더라도 사후 대박을 노려보는 것이 인생의 내기가 아닌가?

'운칠기삼'이라는 말도 운명론처럼 보이지만 "천재란 1% 영감과 99%의 노력으로 이루어진다"는 에디슨의 통찰을 되새겨보면 30%는 여간 후한 게 아니다. 강태공은 "사람은 다가올 운세를 내다볼 수 없고 바닷물은 말(斗)로 측량할 수 없다(凡人不可逆相 海水不可斗量)."고 했다. 운명이라고? 팔자보다 관상이고 관상보다 심상이라 했다. 생각을 바꿔 보아라. 행동이 바뀔 것이다. 행동이 바뀌면 습관이 바뀌고, 습관이 바뀌면 성격이 바뀌며, 성격이 바뀌면 운명이 바뀔 것이다.

패자들은 '운'이 없어졌다고 하지만 운이라는 녀석은 야비하게도 강자 편에 속한다. 프로는 운명이라는 변명이나 핑계를 대지 않는다. 운명의 여신이 미리 짜둔 프로그램에 따라 계약처럼 살지 말라. 땀과 정성으로 운명의 씨를 부지런히 뿌리면 운명의 여신은 한 사람의 '운' 또한 찬란한 '공'으로 뒤바꿔 놓을 것이다. 그래도 운명이 거치적거리면 『파랑새』의 작가 모리스 마테를링크(Maurice Maeterlinck)처럼 외쳐보라.

"운명아, 비켜라. 내가 간다! 미리 정해진 운명은 없다!"

목표를 이루는 힘

홈에 들어오기 위해서는 1루, 2루, 3루 베이스를 차례로 밟지 않으면 안 된다.

베이브 루스(Babe Ruth, 야구 선수)

목표 앞에는 두 부류의 사람이 있다. 먼저 '할 수 있다'고 말하는 사람이 있다. 목표를 달성하려는 결심과 굳은 의지가 있는 사람이다. 하지만 이 말은 목표를 이루지 못한 사람들도 무한대로 쓸 수 있다. 다음으로 '해냈다'고 말하는 사람이 있다. 결심을 행동으로 옮겨 그 결실을 선언하는 사람이다. 하지만 이 말은 목표를 달성한 극소수의 사람들만이 외치는 함성이다.

스포츠에서 목표는 우승이고 승리다. 승리는 모두가 갈망하는 목표이고 승리에 이르기까지는 수많은 장벽을 넘어야 한다. 장벽은 우리의 앞을 가로막는 장애물이 아니다. 우리가 얼마나 승리를 간절하게 원하는지 보여 줄 수 있는 디딤돌이다. 그렇다면 자신의 목표를 이루는데 필요한 것은 무엇일까? 목표 그 자체를 향한 갈망 역시 성공의 원동력이다.

1952년 7월 4일 플로렌스 채드윅(Florence Chadwick)은 산타카탈리나 섬(Santa Catalina Island)에서 캘리포니아 해안을 향해 헤엄쳤다. 그녀는 캘리포니아 해안을 횡단한 최초의 여성이 되고 싶었다. 채드윅은 몰려드는 피로와 뼛속까지 파고드는 냉기에도 아랑곳하지 않고, 상어의 공격도 무릅쓰며 자그마치 15시간을 헤엄쳤다.

하지만 너무 지친 나머지 그녀는 더 헤엄칠 수 없다고 선언했다. 배에 타고 있던 그녀의 어머니와 코치가 해안이 얼마 남지 않았으니 좀 더 힘내라고 격려했지만 소용없었다. 채드윅의 눈에는 해안은커녕 자욱한 안개밖에 보이지 않았다. 그녀는 잠시 배에 올라 휴식을 취하다가 다시 바다에 뛰어들어 몇십 분 더 헤엄쳤지만 결국 포기하고 말았다. 캘리포니아 해안을 불과 800m 남기고 벌어진 일이었다. 실패의 충격이 어느 정도 가셨을 무렵 그녀가 기자들에게 말했다.

"변명이 아니라 내가 육지를 볼 수 있었다면 끝까지 참아냈을 겁니다."

그녀는 피곤하고 추웠기 때문이 아니라 안개 속에서 목표물을 볼 수 없었기 때문에 실패했다고 말했다. 그리고 두 달 후 다시 도전했을 때는 남자 선수가 세운 기록을 무려 두 시간이나 단축시키며 산타카탈리나 해협을 헤엄쳐 건넌 최초의 여성이 되었다.

목표가 거창하면 중간에 지레 포기하는 경우가 많다. 그래서 성공하는 사람들이 종종 쓰는 자기만의 목표 달성법에는 "마디 목표"라는 것이 있다. 1984년 도쿄 국제마라톤대회 월계관의 주인공은 야마다 혼이치(山田本一)라는 무명의 선수였다. 그는 2년 뒤 밀라노 대회에서도 우승을 차지하며 언론의 주목을 받았다. 우승 비결에 대한 질문에 그는 "머리로 이길 수 있었다"고 답했다. 극한의 체력과 인내력이 요구되는 스포츠에서 '머리로 이겼다'는 그의 대답에 비난이 쏟아졌다. 하지만 10년 뒤 자서전을 통해 야마다는 대답의 비밀을 밝혔다.

"나는 매번 시합 전에 마라톤 코스를 자세히 돌아보며 코스 주변에 눈에 띄는 표지를 수첩에 적어 가며 외워 두었다"고 했다. "예를 들면 첫 번째 표지는 찻집, 두 번째 표지는 큰 플라타너스, 세 번째는 아파트……. 이런 식으로 결승점까지 기억했다"고 덧붙였다. 그는 목표를 하나씩 나눠 달성한 것이었다.

한 번도 얻기 힘든 올림픽 출전의 기회를 영국의 폴라 래드클리프(Paula J. Radcliffe)는 다섯 차례나 거머쥐었다. 마라톤 세계 기록 보유자로 '마라톤 여왕'으로 불리는 그녀는 1996년 애틀랜타 올림픽과 2000년 시드니 올림픽에 장거리 선수로 출전했고, 2004년 아테네 올림픽과 2008년 베이징 올림픽, 2012년 런던 올림픽에는 마라톤 선수로 출전했다. 장거리 선수에서 출발해 크로스컨트리를 거쳐 마라톤에 입문한 래드클리프는 2003년 런던 마라톤에서 2시간 15분 25초의 세계 기록을 세웠다.

40대라는 적지 않는 나이에도 불구하고 그녀가 계속해서 레이스를 펼칠 수 있었던 이유는 다름 아닌 그녀만의 독특한 달리기 비법 때문이었다. 6단계 법칙으로 알려진 그녀만의 비결은 '① 워밍업 ② 신체를 소중히 ③ 혼자 하지 않는다 ④ 달릴 때 페이스를 바꾼다 ⑤ 목표를 설정한다 ⑥ 즐긴다'이다. 그녀는 달성 가능한 작은 목표를 세우고 이를 이루면서 달렸다. "100걸음까지 3번 세면 1마일이에요. 저는 한 걸음씩 세면서 그 순간에 더욱 집중할 수 있었어요. 그래서 얼마나 더 달려야 하는지에 대한 부담감을 덜었어요"라고 했다. 42.195km를 쉬지 않고 3시간 안에 달린다는 것은 힘든 일이다. 그녀는 마음속으로 거리를 몇 단계로 나누었다. 그리고 설정한 목표를 달성할 때마다 자신만의 성취감을 느꼈던 것이다.

좋은 목표를 갖는 것은 중요한 일이다. 그러나 아무리 좋은 목표도 한꺼번에 이루겠다는 성급한 마음을 가지면 달성하기 어렵다. 한 발짝 한 발짝 내딛는 것이 성공의 지름길이다. 100m 육상 선수들을 떠올려 보라. 체계적으로 훈련받은 육상 선수들은 '크라우칭 스타트(Crouching Start)'라 불리는 출발법을 따른다. 출발준비 동작을 '제자리에-차렷-출발'의 3단계로 구분하는데 몸의 무게중심과 체중, 시선 등 수많은 요소가 메달의 색깔과 순위를 결정한다.

프로와 아마추어의 차이는 여러 가지에서 나타나지만 그중 확연히 구분되는 것은 준비단계이다. 프로들은 자신이 지향해야 할 지점에 시선을 고정해 두고 마음 또한 최고로 끌어 올린 후 앞으로 달린다. 한 번의 승리가 아니라 유기적으로 이루어진 소규모의 승리가 거듭해 결국 최종 승리를 가져온다.

04

용기

—

달리는 말은 말굽을 멈추지 않는다

챔피언의 비밀

'한 방'을 갈망하는 그대에게

달팽이의 꿈

생각의 마력

Courage

달리는 말은 말굽을 멈추지 않는다

99도까지 올려놓아도 마지막 1도를 못 넘기면 물은 끓지 않는다.
물을 끓이는 건 마지막 1도. 포기하고 싶은 바로 그 1분을 참아내야 한다.

김연아(피겨스케이팅 선수)

1941년 뉴욕 양키스의 우타자 조 디마지오(Joe DiMaggio) 선수는 56경기 연속 안타라는 경이적인 기록을 세웠다. 이탈리아계 미국인인 디마지오는 1939년과 1940년 시즌 연속 타격왕에 올랐다. 특히 1939년에는 뉴욕 양키스팀의 우타자 중견수로 활약하며 월드시리즈 우승의 주역이 되어

MVP 수상의 영예를 거머쥐었다. '달리는 말에 채찍질을 더한다(走馬加鞭)'더니 디마지오가 그랬다. 여세를 몰아 그는 이듬해 56경기 연속 안타라는 놀라운 기록을 세웠다. 만약 57번째 경기 마지막 9회 초 공격에서 클리블랜드 인디언스(Cleveland Indians)의 3루수 켄 켈트너(Ken Keltner)가 던진 공이 간발의 차이로 아웃되지 않았다면 어떻게 되었을까? 이후에 디마지오는 다시 27경기 연속 안타를 몰아쳤으니 84경기 연속 안타라는 거대한 금자탑을 세웠으리라.

디마지오는 신사적인 매너와 조용한 성격, 잘생긴 얼굴로 인기가 많았다. 그는 1939년 도로시 아놀드(Dorothy Arnold)라는 영화배우와 결혼했으나 얼마지나지 않아 이혼했다. 이후 1954년 인기 절정의 여배우 마릴린 먼로(Marilyn Monroe)와 결혼해 부러움과 화제를 한 몸에 받았다. 누가 운동선수는 단순하다고 했던가? 디마지오는 상대를 잘못 선택했다. 마릴린 먼로가 누구인가? 그녀는 케네디(Jahn F. Kenredy)의 염문 상대였고 미국 남성의 섹스 심벌이었다. '사랑이 지나치면 집착이 된다'는 말이 있다. 디마지오는 그녀가 배우로서, 가수로서 대중들 앞에 서는 것을 혐오했다.

1954년 10월 먼로와 이혼한 뒤 황폐한 상태였던 그는 당대의 스타였던 프랭크 시나트라(Frank Sinatra)와 작당하여 떠나버린 그녀의 뒤를 캐다가 경찰에 붙들리기도 했다. 1962년 8월 5일 먼로가 서른여섯의 젊은 나이에 세상을 떠났을 때『데일리뉴스(Daily News)』는 슬퍼하는 디마지오의 사진을 "조가 '사랑해'라고 속삭인다"고 소개하기도 했다. 1999년 숨을 거둘 때까지 그는 줄곧 그녀의 무덤에 장미꽃을 보내며 오롯이 사랑을 표시했다.

1941년은 미국 야구사에서는 가장 뜨거웠던 해로 기억되지만 디마지오에게 MVP의 타이틀을 내줘야 했던 테드 윌리엄스(Ted Williams)에게는 아쉬울 뿐이었다. 23세였던 그는 37개의 홈런과 0.735의 장타율, 145의 볼넷으로 최고의 두각을 나타냈고 무엇보다도 한 시즌 평균 타율 0.406의 대기록을 수립한 역사적인 해였기 때문이다. 이후 메이저리그에서 4할의 타율은 자취를 감췄고 우리나라 역시 1982년 프로야구가 출범하던 해에 백인천 선수가 세운 0.412 기록 이후 감감하며 일본은 아직 4할대의 기록이 없다. 진화론자 스티븐 굴드(Stephen. J. Gould)는 4할 타자 실종을 시스템의 진화적 안정화 때문이라고 했다. 그렇다면 4할이라는 대기록은 어떻게 수립되었는가?

보스턴 레드삭스(Boston Red Sox) 입단 3년차였던 윌리엄스는 시즌 마지막 날 더블헤더를 앞두고 0.39955 타율로 반올림해야 4할이 인정되는

디마지오를 기념한 우표

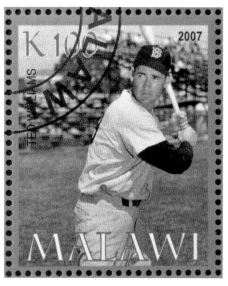

월리엄스를 기념한 우표

상황이었다. 조 크로닌(Joe Cronin) 감독은 자칫 범타로 인해 타율을 깎이는 것보다는 현상을 유지하는 것이 낫다고 판단하여 더블헤더에 출전하지 않을 것을 권유했다. 하지만 윌리엄스는 과감히 베팅했다. 더블헤더에 모두 출전한 그는 8타수 6안타를 기록하여 0.406으로 시즌을 마감했다. 오늘날의 방식으로 희생플라이 기록을 환산하면 0.412가 된다. 반올림한 불완전한 기록으로 4할을 유지할 수도 있었지만 누군가 제대로 4할 이상의 타격을 기록했다면 그의 성적은 시비에 휘말렸을지도 모른다.

치명적 질병이나 시련, 절대 과제 앞에 20%의 사람은 도망가고 70% 사람은 체념한다. 반면 오직 10%만이 현실에 도전한다. "여기 있는 것이 좋사오니"하는 순간 '안주'라는 독에 빠지게 된다. 그래서 오늘날은 관계지수(NQ, Network Quotient) 못지않게 위기나 역경을 극복하고 긍정적 상태로 돌아가려는 회복탄력성지수(RQ, Resilience Quotient)가 리더의 덕목으로 각광을 받는다.

우리나라 백인천 선수는 불혹의 나이에 어떻게 4할 타자가 되었는가? 프로야구의 틀이 제대로 뿌리내리지 못했던 당시 일본에서 이미 발군의 실력을 발휘한 그에게 4할은 당연한 것이라고 생각할 수도 있지만 사실 숨겨진 땀이 있었다. 그는 어떤 분야든지 일류가 되는 조건을 세 가지로 들었다. "자기가 하는 일을 좋아해야 하고, 그 일에 미쳐야 하며, 일에 중독되어야 한다는 것"이다. 알면 좋아하게 되고, 좋아하면 사랑하게 되며, 사랑하면 미치게 되는 것과 같은 이치다. 그래서 그는 스스로를 야구 중독자라고 했다.

그렇다면 수많은 스타를 중독시키는 마법의 약은 무엇일까? 그것은 무

엇보다도 태도, 마음가짐일 것이다. 재일교포 야구 거인 장훈 선수가 이런 말을 했다. "2할 9푼을 치는 타자와 3할을 치는 타자의 차이는 단순하다. 2할 9푼 타자는 4타수 2안타에 만족하지만, 3할 타자는 여기에 만족하지 않고 4타수 3안타 또는 4타수 4안타를 치기 위해 타석에 들어선다."

아마추어는 남과 비교해서 "이 정도면 됐다" 하지만 진정한 프로란 성과에 안주하지 않고 다른 사람과도 비교하지 않는다. 그들은 자신이 세운 목표에 스스로 만족할 때까지 부단히 갈고 닦으며 멈추지 않는다. 달리는 말은 말굽을 멈추지 않기 때문이다.(馬不停蹄)

챔피언의 비밀

시간의 걸음에는 세 가지가 있다. 미래는 주저하며 다가오고
현재는 화살처럼 날아가고 과거는 영원히 정지하고 있다.

프리드리히 실러(Friedrich Schiller, 작가)

영어로 졸업을 'Commencement Day', 즉 '시작일'이라고 한다. 졸업은 끝이 아닌 새로운 시작이기 때문이다. 미국의 대학 졸업식이 한창인 2012년 7월, 한 중년 남자의 도전이 가슴을 뭉클하게 했다. 컬럼비아대학에서 청소부로 일하다 학사모를 쓴 가츠 필리파(Gac Filipaj)라는 남자가 그 주인공이다. 1992년 유고슬라비아에서 미국으로 피신해 온 그는 20년 만에 학위를 받았는데 당시 그의 나이는 52세였다. 그리고 선생님이 되어 자신이 좋아하는 고전을 모국어인 알바니아어로 번역하는 새로운 꿈을 갖게 되었다.

또 다른 늦깎이 학생으로는 무협소설 『영웅문』 등으로 유명한 진융(金庸)이 있다. 2010년 9월 그는 86세의 나이로 케임브리지대학에서 역사학 철학박사 학위를 받았다.

인생은 우리에게 챔피언이 되라고 요구하지 않지만 때로는 시간을 거스르는 사람들을 통해 새로운 '각오'를 부탁한다. 우리는 체중감량, 대출상환, 회화공부 등 개인적인 공약을 세우지만 '작심 3일', '21일 습관'을 견디지 못하고 30%는 2개월 안에 무너진다. 6개월을 지속하는 경우는 20%에 불과하다. 그렇다면 무엇이 챔피언을 만드는가? 그것은 바로 자기만의 의식을 소중히 여기는 태도에서 시작된다.

윌리엄 맥레이븐(William McRaven)은 미군 특수전 병력 6만여 명을 보유한 통합특수전사령부(SOCOM) 사령관으로 '4성 제독' 6명 중에서 외부에 가장 노출되지 않은 군인이었다. 그러나 2011년 5월 알카에다의 지도자인 '오사마 빈 라덴 제거작전(Operation Neptune Spear)'을 성공적으로 이끌면서 미국의 영웅이 되었다. 그는 1977년 텍사스주립대학을 졸업하고 ROTC 임관 후 군생활 대부분을 특수작전분야에 근무하면서 관련 저서와 논문들을 편 학구파이기도 하다.

맥레이븐은 5월 17일 '세상을 바꾸기 위해 필요한 10가지 교훈'에 대해 졸업연설을 했다. 그는 '세상의 변화는 이곳에서 시작된다'는 모교 슬로건이 혹독한 군대훈련 과정을 이겨내는 데 영향을 미쳤다고 밝혔다.

그리고 세상을 변화시키고자 한다면 먼저 '침대 정리부터 시작하라'고 했다. 최강의 네이비 실(Navy SEALs) 요원을 꿈꾸는 훈련병들은 매일 잠자리를 정돈한다. 그 일은 아주 사소하고 단순한 것 같지만 매일 아침 잠자리를 잘 정돈하면 그날 첫 임무를 완수했다는 자부심이 생겨 다른 임무에도 힘이 된다고 했다.

캘리포니아주립대학 농구팀 감독을 역임했던 존 우든(John Wooden)은 88연승과 4시즌 연속 우승, 10회 NCAA 우승이라는 대기록을 세운 전설적 감독이다. 그가 최고의 성적을 낼 수 있었던 비결은 기본에 대한 믿음이었다. 최고의 선수가 되기 위해서는 기량과 체력도 중요하지만 제대로 양말을 신는 일부터 시작이라고 했다.

챔피언의 또 다른 비밀은 건강한 태도와 마음가짐이다. 시작이 반이라는 말처럼 우리의 하루는 대개 아침에 결정된다. 아침에 눈을 뜨는 사람은 두 부류다. 아침이 눈을 뜨게 하는 사람과 아침을 눈뜨게 하는 사람이다. 두 종류의 사람 모두에게 공평한 것은 똑같이 아침과 저녁이 온다는 것이다. 아침을 효율적으로 보내 저녁이 있는 삶을 보낼 것인가? 아니면 저녁이 없는 삶을 보낼 것인가?

아침에 눈을 뜨고 한낮에 활동하며 저녁에 돌아오고 밤에는 잠을 자면서 하루를 마감하는 일정은 흡사 유년기와 아동기, 청년기, 장년기를 거쳐 노년으로 이어지는 인생의 여정과 같다. 독일 철학자 쇼펜하우어(Arthur Schopenhauer)도 하루에 대해 멋진 담론을 남겼다.

하루는 작은 일생이다. 아침에 잠에서 깨어 일어나는 것은 탄생이요, 상쾌한 아침은 짧은 청년기를 맞는 것과 같다. 그러다가 저녁 잠자리에 누울 때는 인생의 황혼기를 맞는 것이라는 사실을 알아야 한다.

하루는 어떻게 보내느냐에 따라 결코 짧은 시간이 아니다. 그리고 가볍게, 아무 의미 없이 보내도 되는 시간은 더더욱 아니다. 그래서 누군가가 "네가 헛되어 보낸 오늘은 어제 죽은 그가 그토록 원하던 내일이다"고 말한 것이다. 왕이든 거지든 갓 태어난 아이든 황혼의 노인이든 하루 86,400초는 공평하게 주어진다. 숨 쉬는 한 우리는 또 하루를 보낸다. 그렇다면 아침을 어떻게 보내야 하는지 한번쯤은 고민할 필요가 있을 것이다. 위에서 말했듯 아침이 눈뜨게, 즉 내가 주도해 하루를 시작하는 사람은 다시 못 올 오늘을 잘 보내고 하루와 잘 이별하는 자이다.

하루를 잘 보내는 사람들은 쉽게 그만두는 평범한 사람들에 비해 마지막 휘슬이 울릴 때까지 최선을 다하는 경향이 있다. 이른바 '버저 비터(Buzzer Beater)'의 원리다. 이는 경기 종료를 알리는 버저가 울리는 순간, 이미 선수의 손을 떠난 공이 극적으로 그물망에 들어가 득점으로 인정되는 골을 일컫는 농구 용어로 '종료골' 혹은 '종료 득점'이라고도 한다. 특히 1~2점 차이의 박빙의 경기에서 경기 종료를 0.01초 남기고 손을 떠난 공이 버저 비터일 경우 거기에서 오는 짜릿함과 흥분은 이루 말할 수 없다. 드라마 같은 9회 말 역전 야구 경기가 있는가 하면 추가시간에 결승골이 터지는 축구 경기가 이 같은 원리다.

달리기, 등산, 자전거를 타다 보면 어느 순간 심장이 터질 듯하고 죽을

만큼 힘든 순간이 찾아온다. 운동이론에서는 이를 데드포인트(Dead Point, 사점)라고 한다. 이 상황에서 택할 수 있는 선택은 크게 세 가지다. 상황에 굴복하고 포기하는 것, 이러지도 저러지도 못하며 주저앉는 것, 마지막으로 상황에 과감히 도전하는 것이다.

영국의 사이클 선수 가운데 톰 심프슨(Tom Simpson)이라는 남자가 있다. 1967년 '투르 드 프랑스(Tour de France)'의 몽 방투(Mont Ventoux) 구간에서 쓰러져 사망한 비운의 선수다. 더 안타까운 것은 그의 사망 원인이 암페

스포츠,
네버엔딩 스토리

타민의 과도한 섭취로 밝혀졌다. 그래서 아직도 '도핑'의 불명예스런 단어가 그를 따라 다닌다. 하지만 스포츠에서 그를 추앙하는 이유는 그가 남긴 마지막 말 때문이다. 경기 도중 도로에서 쓰러진 그는 살인적인 무더위와 최악의 컨디션으로 숨이 턱 끝까지 차오르는 상황에서도 절규처럼 유언했다.

"내 자전거 위에 나를 올려 주세요!"

챔피언의 비밀은 '언젠가'도 '다음'도 아니다. '지금 이 자리(Hic et nunc)'에 최선을 다하는 것이다.

'한 방'을 갈망하는
그대에게

인생이란 결코 공평하지 않다. 이 사실에 익숙해져라.

빌 게이츠(Bill Gates, 기업가)

일본의 동화작가 하세가와 슈헤이(長谷川集平)의『홈런을 한 번도 쳐 보지 못한 너에게』에서 주인공 루이에게 위로를 건너는 센 형의 조언은 슬프기까지 하다.

홈런을 친 선수는 자기 힘으로 홈, 즉 집을 나갔다가 세계를 한

바퀴 빙 돌아 다시 집으로 돌아온 거야. 오직 자신의 힘으로.

야구를 찬찬히 들여다보면 우리네 삶과 닮은 점이 많다. 108개의 야구공 실밥 수는 108번뇌와 닮았고, 홈런을 치고 집에 오면(Home In) 환호받듯, 집을 향해 달리는(Home Run) 길은 설렘이다.

타자 가운데는 762개 홈런을 친 베리 본즈(Barry Bonds)나 9경기 연속 홈런을 친 이대호 선수 같은 빅스타가 있다. 하지만 세상에는 루이처럼 한 번도 홈런을 치지 못한 선수들도 많다. 미국 야구잡지에 따르면 메이저리그의 경우 하위리그 선수들이 '클래스 A'에서 뛸 확률은 86%지만, 메이저리그에서 활약할 확률은 11%에 불과한 것으로 조사됐다. 한국영화의 한 장면에도 이런 대사가 있다.

프로야구 20년 역사상 은퇴선수는 총 758명이다. 그중 10승

이상 거둔 투수는 126명뿐이며 1승 이상은 431명이다. 나머

지 327명은 1승도 거두지 못하고 야구계를 떠났다.

「슈퍼스타 감사용」

홈런 가운데서도 최고는 역전 홈런이고 역전 홈런보다 더 짜릿한 것은 끝내기 홈런이다. 2-4로 루이의 팀이 2점 뒤지고 있는 상황. 6회 초 1아웃 주자는 1루와 3루, 타자는 7번 2루수 루이, 동화의 주인공이다. 삼진을 두 번이나 연속으로 당했기에 부진을 만회할 수 있는 절호의 기회다. 때맞춰 감독은 투수가 지쳐있으므로 자신감을 가지고 힘껏 치라고 한다.

누구나 이럴 때가 있다. 자유투 하나면 전세가 역전되고, 페널티킥 한 방이면 승리가 약속되는 운명 같은 순간에 서 있을 때가 있다. 잔뜩 홈런을 기대하면서 타석에 들어서지만 루이는 안타는커녕 병살타를 치고 팀은 경기에서 지고 만다. 그런 루이에게 필요한 것은 주변 사람들의 응원이 아니라 어디든 들어가 숨고 싶은 쥐구멍이다.

2014년 5월 27일, LA 다저스(Los Angeles Dodgers) 투수 류현진은 메이저리그 신시내티(Cincinnati)와의 홈경기에 선발 등판해 7회까지 퍼펙트를 이어갔다. 하지만 8회에 기록이 깨졌고 그가 이닝을 마치고 더그아웃에 들어서자 다저스 구장을 가득 메운 관중들의 함성과는 사뭇 대조적인 분위기가 선수들 사이에서 연출되었다. 이날 류현진의 투구 내용이 얼마나 빛났는지 누구보다도 팀 동료들이 잘 알 텐데 동료들은 격려는 물론 눈도 마주치지 않으려 했다. 동료들은 그가 앉은 벤치 근처로 가지도 않고 묵묵히 껌만 씹었다. 다저스 선수들은 더그아웃에서 그를 애써 외면하려는 심산이었고 경기가 끝난 뒤 류현진 선수도 "색달랐다. 이닝을 마치고 들어오면 보통 선수들이 수고했다고 하는데 오늘은 그런 것도 없었다"고 말할 정도였다.

메이저리그에는 소위 몇 가지 에티켓 혹은 불문율이 있다. '투수가 노히트 경기를 하고 있을 때 선수는 기습 번트를 대지 말라', '노히트가 진행되고 있을 때 절대로 노히트라는 단어를 입에 담지 말라' 등이다. 승부 이전에 일종의 배려인 셈이다. 특히 노히트 게임이나 퍼펙트 게임을 놓친 투수가 더그아웃에 들어왔을 때는 접촉하거나 대화하지 않고 침묵으로 대한다. 마음의 심란을 단어 몇마디로 다독이기에는 턱없이 부족하기

에 차라리 그대로 모르는 척, 아무것도 아닌 척하는 것이 더 좋은 방법이기 때문이다. 스포츠에서는 종종 다른 모습으로 배려의 미학을 보여준다.

야구 선수라면 누구나 메이저리그에 서고 싶어 하고 메이저리그에서 활약한 선수라면 누구나 월드시리즈 무대에 서고 싶어 한다. 캔자스시티 로열스(Kansas City Royals)의 에딘손 볼케스(Edinson Volquez)도 예외는 아니었다. 뉴욕 메츠를 상대로 한 2015 미국 메이저리그 월드시리즈에서 그는 4차전 선발로 내정되었었다. 그런데 개막 경기 몇 시간을 앞두고 오랫동안 심장질환을 앓아온 그의 아버지가 사망했다. 소식을 접한 그의 아내는 경기장에 들어선 남편이 야구 인생 최고의 순간을 누릴 수 있게 해 주기 위해 남편 대신 단장에게 그 사실을 알리고 대신 1차전 선발 등판을 간청했다. 한발 더 나아가 중계를 맡은 캐스터들에게도 볼케즈가 공을 던질 때까지 부친의 사망 소식을 보도하지 않을 것을 부탁했다.

볼케즈는 6이닝 동안 아버지가 숨진 사실을 모르고 선발투수로 역투하여 개막전 승리의 견인차 역할을 했다. 구단과 동료들의 배려로 무사히 장례식을 치른 그는 "네 아버지는 돌아가셨다. 하지만 네가 꿈꾸던 빅 리그에서 야구공을 던지는 것에 대해 정말 행복해하셨다"고 한 어머니의 응원을 밑거름으로 5차전 선발로 등판했다. 그는 첫 공을 던지기 전 몸을 굽혀 마운드의 투구판 뒤쪽 흙에 아버지 이름의 이니셜인 'DV'을 새긴 후 6이닝 2실점으로 호투하여 월드시리즈 우승을 이끌었다.

루이도 차라리 그대로 놔두는 편이 더 나았을지도 모른다. 하지만 엄마 심부름을 간 루이에게 야구를 하던 셴 형이 왜 그렇게 크게 휘둘렀냐고 묻는다. 그러자 그는 홈런을 치고 싶었다고 한다. 루이는 지금까지 한 번도 홈런을 친 적이 없기 때문이다. 이럴 때 누구나 한 번쯤은 "신이 날 선택하지 않았나 봐"하고 넋두리를 하기 마련이다.

셴 형은 시작하기도 전에 포기하려고 한다며 용기를 가지라고 조언하지만 루이에게는 그저 스치는 바람 소리일 뿐이다. 어린 루이는 비록 땅볼밖에 치지 못했지만 언젠가 분명 홈런을 치리라는 거위의 꿈을 꾸고 있다. 그런 루이는 외친다.

"나 언젠가는 꼭 홈런을 칠 거야. 하지만 그 전에 안타부터 쳐야겠지."

달팽이의 꿈

힘든가? 오늘 걷지 않으면 내일은 뛰어야 한다.

카를레스 푸욜(Carles Puyol, 축구 선수)

송나라 육유(陸游)의 '버들 다리에서 황혼을 바라보며(柳橋晚眺)'란 시를
보면 이런 구절이 나온다.

작은 포구에 한가한 고기 뛰고

비긴 수풀은 학을 기다리고 있네
한가한 구름은 비를 만들지 않고
짐짓 푸른 산 곁을 날고 있네

여기서 유래한 말이 '한운불우(閑雲不雨)'인데 한가한 구름은 비를 뿌리지 못한다는 뜻이다. 하나의 낟알이라도 줄기와 잎을 만들고 알곡을 만들기 위해서는 여름날 뜨거운 햇볕과 가끔의 폭풍우 그리고 농부의 구슬땀방울이 버무려져야 한다.

스즈키 이치로는 마흔넷의 나이에도 불구하고 미국 메이저리그에서 지금도 활동하고 있는 선수다. 그는 목표를 달성하기 위해서는 대충이나 일반적인 노력보다 집념이 실린 노력을 해야 한다고 말한 것으로 유명하다. 2013년 일본, 미국의 기록을 통산하여 4,000안타의 기록을 채운 후 이치로는 이렇게 말했다.

"난 4,000개가 넘는 안타를 쳤지만 그것만 봐서는 안 된다. 8,000번 이상 실패했고 그걸 이겨내려 노력했다. 대충 노력했다면 나의 가능성은 부서져 버린다."

촌각을 다투는 스피드 경주에서도 속도가 처진다면 다른 것으로 승부해야 한다. 2009년 여름, 우사인 볼트(Usain Bolt)는 $100m$를 9.58초에 달려 세계 기록을 세웠다. 2012년 7월, 미국 신시내티동물원의 치타가 먹잇감을 앞에 두고 달린 속도를 $100m$ 기록으로 환산했더니 5.95초였다. 단순 속도만으로 비교할 때 치타의 기록은 볼트보다 38%나 더 빨랐다. 하지

만 달팽이는 똑같은 거리를 가는데 대략 4만3천500초(약 12시간)가 걸리는 것으로 계산됐다.

성경에는 하나님이 사람들의 타락을 심판하기 위해 노아에게 방주를 만들도록 명령하는 장면이 나온다. 배에는 노아의 가족들과 함께 암수 한 쌍씩의 생물들을 승선토록 허락했다. 그중에는 물론 달팽이도 있었다. 치타나 말에 비하면 느려터진 달팽이가 어떻게 방주에 도달할 수 있었을까? 19세기 위대한 설교가 찰스 스펄전(Charles H. Spurgeon)은 명쾌하게 그 해답을 제시했다.

"달팽이는 인내 하나로 방주에 도달했다!"

2014년 3월 30일, 전남 보성 태백산맥문학관에서는 작가 조정래의 대하소설 『태백산맥』10권 전부를 손으로 베껴 쓴 독자에게 감사패를 전달하는 뜻깊은 행사가 펼쳐졌다. 그 가운데는 놀랍게도 여든이 가까운 할머니가 포함되어 놀라움을 선사했다. 주인공은 당시 79세였던 안정자 할머니였다. 그녀는 노인복지관 글쓰기 수업에서 '필사를 하면 글이 늘게 된다'는 강사의 조언을 듣고 2012년 4월부터 『태백산맥』을 쓰기 시작하여 21개월 만에 필사를 완성함으로써 신선한 충격을 줬다. 작가의 아들, 며느리도 4년이 넘게 걸렸던 일을 어떻게 할머니는 그렇게 빠른 시간에 완성할 수 있었을까?

그 첫 번째 이유는 그녀가 이전에도 『금강경』과 『관음경』을 각각 108번씩 1년 반 만에 사경(寫經)한 적이 있었기 때문이다. 그녀에게는 할 수 있다는 자신감이 있었다. 두 번째로는 끊임없는 노력이 있었다. 평일에는 하루 3시간, 주말에는 하루 6시간까지 필사를 했다고 한다. 세 번째는 자신이 하는 일을 중요하게 여기는 마음이 있었다. 그녀는 "필사를 시작하기 전에는 『태백산맥』이라는 책이 어떻게 생겼는지도 몰랐지만 일단 필사를 결심한 뒤에는 중요한 일이 됐다"고 했다. 중요한 일이기에 자신의 "혼을 다 담아서 작업"할 수 있었고 거기에 재미까지 붙이다 보니 노인복지관 수업이 끝나고 사람들이 놀자고 해도 거절하고 필사 작업에 열을 올리게 되었다. 네 번째는 구체적인 목표와 목표를 완성하겠다는 간절한 바람이 있었다. 필사를 권유하는 강사의 말을 듣고 그녀는 그 자리에서 손을 번쩍 들고서 "2년 안에 전권 필사를 마치겠다"고 약속했기 때문이다. 연작소설 10권이라는 거대한 목표물과 이를 2년 만에 완성하겠다는 자기와의 약속이 있었다. 그 결과 그녀는 애초 계획보다 3개월 앞당긴 21개월 만에 태백산맥 전권을 필사할 수 있었다.

간절한 열정은 환경을 이기고 나이와 공간을 초월한다. 작가 조정래 선생은 자신보다 여덟 살이나 많은 할머니에게 "작가로서 이보다 고맙고 보람을 느끼는 일이 없다. 작가로서 사는 보람을 느꼈다"고 고마움을 표했다.

삶이 밋밋하고 지루할 때, 무엇을 해도 성과가 나지 않고 늪에 빠진 것처럼 답답한 시간 속에 갇힌 기분이 들 때가 있다. 그럴 때는 달팽이처럼 남보다 느릴지라도 느긋한 마음을 가지고 인내해 보자. 그리고 나아가 보자. 기억 속 어딘가 들리는 파도 소리를 따라서 달팽이는 오늘도 되뇐다.

"언젠가 먼 훗날에 저 넓고 거치른 세상 끝 바다로 갈 거야."

생각의 마력

생각을 바꾸면 어떤 것도 해낼 수 있어요.
절대 꿈을 포기하지 마세요. 어떤 일을 겪더라도 웃음을 잃지 마세요.

아폴로스 헤스터(Apollos Hester, 럭비 선수)

　'적자생존'이라는 말이 있다. 환경이나 변화에 적합한 자가 살아남는
다는 의미다. 영국의 철학자 스펜서(Herbert Spencer)가 1864년 『Principles
of Biology』라는 저서에서 처음 사용했으며 다윈(Charles Darwin)의 진화론
에 대한 원리로 잘 알려져 있다.

정글의 법칙에 관해 이야기하자면 대부분 강자가 약자를 지배하는 이른바 '약육강식'을 떠올린다. 이 논리로 보면 강한 자가 살아남기 때문에 가장 강한 자는 끝까지 살아남는다. 생태계에서 보면 공룡이 가장 강한 동물이라 할 수 있다. 하지만 오늘날까지 살아남은 생명체는 곰팡이류의 박테리아다. 박테리아는 우리 몸에도 활발히 서식하고 있다. 사람의 몸은 1경(10^{16})개의 세포로 구성되어 있는데 그 속에 사는 박테리아는 10경(10^{17})마리나 된다고 한다. 박테리아는 미생물이라는 미미한 존재이지만 강한 생명력으로 살아남았다. 그리고 그렇게 살아남은 것들은 가장 강한 존재가 된다.

세상에는 '생각의 힘'만으로 죽는 사람도 있다. 스페인의 한 왕이 어느 날 마드리드의 별장에서 쉬려고 하는데 점술가가 와서 "마드리드에 가지 마세요. 그곳에 가면 죽습니다"라고 했다. 그래서 그는 별장을 지어놓고 2년이 지나도록 한 번도 마드리드를 가지 못했다. 어느 날 왕은 여러 지방을 순찰했는데 어느 지역에서 하룻밤을 지내다가 그만 몸살감기가 들었다. 그가 신하에게 "여기가 어디냐"고 물었더니 신하는 "마드리드 근처"라고 대답했다. 그 말을 들은 왕은 깜짝 놀라 "이제 나는 죽는구나"라고 생각하며 극도의 두려움에 쌓여 삼일 만에 죽고 말았다. 왕은 감기로 죽은 것이 아니라 두려움 때문에 죽었다.

아돌프 아이히만(Adolf Eichmann)은 악명 높은 독일의 나치의 친위대 장교로 제2차 세계대전 중 독일 및 독일에 점령된 유럽 각지의 유대인에 대한 체포, 강제이주를 계획 · 지휘했다. 독일의 항복 후 1급 전범이 되었고

1960년 5월 이스라엘 비밀경찰에 의해 아르헨티나에서 체포되어 예루살렘에서 재판받았다. 1961년 12월 그는 교수형을 선고받아 사형되었다.

나치 유대인 학살의 주범, 아이히만의 재판을 취재한 유대인 출신의 정치 철학자 한나 아렌트(Hannah Arendt)는 당시 법정에서 전범들의 재판을 취재해 『예루살렘의 아이히만』이라는 저서를 내놓았다. 그녀는 책에서 전대미문의 학살 만행을 저지른 악인(惡人)들은 알고 보면 지극히 평범한 인간이라는 점과 "악(惡)이 서로 공유하는 평범함이 있다"라는 문제를 제기해 세계의 주목을 받았다. 그러면서 그 많은 유대인을 아무렇지 않게 학살할 수 있었던 이면에는 주어진 일에 충실할 뿐이라는 지극히 위선적인 가면이 있었다고 밝혔다.

아렌트는 동시에 그 가면 뒤로는 함께 아파하는 능력을 상실하게 되면서 초래되는 일종의 '무능성(無能性)'이 존재함을 간파했다. 아이히만의 무능성은 말하기의 무능성, 생각의 무능성, 타인의 입장에서 생각하기의 무능성이다. 생각의 무능은 사람을 단순 반복의 기계 인간으로 만드는 것이다.

현대판 적자생존의 법칙이 살아 움직이는 곳은 스포츠다. 과거의 생존 법칙에서 중요한 것은 몇 초냐 몇 분이냐가 아니라 사냥감이 잡히기 전에 안전하게 도달하느냐였다. 스포츠는 이처럼 생존 경쟁에서 출발했다.

고대 이집트에서 새롭게 왕으로 간택된 사람들은 의식 절차에 따라 달려야 했다. 역사학자 에드워드 시어스(Edward Sears)는 이것이 "자신의 영토에 대한 권리를 주장하는 상징적인 행위이며 사람들이 요구하는 왕으로서의 자질을 갖췄음을 증명하는" 행위라고 기록했다. 왕의 대관식 후

30년째 되는 해와 그 후 3년째 되는 해에 왕은 각각 젊은 시절 달렸던 것과 똑같은 거리를 달릴 수 있어야 했다. 만약 이 관문을 통과하지 못하면 그는 통치력을 잃게 되었다.

이집트 외에 다른 고대 사회에서도 활과 화살로 목표물을 맞히거나 무거운 바위들을 들어 올리거나 개울을 뛰어 건너는 등의 기술로 그 지위를 증명했다. 그들은 '건강한 몸에 건강한 정신이 깃든다'라는 생각을 처음으로 발전시킨 사람들이었다. 기원전 776년 최초의 올림픽에서 첫 경기가 육상의 일종이었다는 사실이 이를 증명한다.

인간의 육체는 놀라운 능력을 지니고 있다. 어떤 사람은 100m를 9초대에 달린다. 어떤 사람은 42.195km를 2시간 2분 만에 달린다. 어떤 사람은 자신의 몸무게보다 훨씬 많은 240kg을 단숨에 들어 올린다. 어떤 사람은 단번에 7m를 멀리 뛴다. 인간을 태우면 한 줌의 재에 불과하지만 중요한 것은 그 의식의 세계다.

누군가를 더 훌륭하고 똑똑한 사람으로 만드는 사람들을 우리는 멀티플라이어(Multiplier) 혹은 에너지를 증폭하는 에너자이저라고 한다. 래리 겔윅스가 바로 그런 사람이었다. 럭비 선수 존은 겔윅스 감독 밑에서 선수로 활약하기 전에도 자신의 스피드가 괜찮다고 생각했다. 하지만 아주 뛰어나다고는 생각하지 않았다. 그러나 겔윅스가 여러 선수들 앞에서 공개적으로 존의 스피드가 매우 훌륭하다고 칭찬하자 쑥스럽기도 했지만 매우 놀라웠다면서 그때의 기억을 끄집어냈다.

"내가 빠르다고 생각하긴 했지만 코치가 칭찬해 줄 정도로 아주 빠르다고 생각하진 않았다. 그러나 겔윅스가 내가 아주 빠르다고 꼭 집어 말

하니 내 마음속에는 '나는 빠르다'는 확실한 자아상이 만들어졌다. 속도를 내야 할 상황이 될 때마다 그 말이 기억났고, 스스로 한계를 넘도록 밀어붙일 수 있었다."

존의 질주본능은 이후 눈에 띄게 달라졌다. 생각의 힘이 몸을 더 빠르게 한 것이다.

05

겸손

겸손은 흙과 같다

역설적 행운

나무는 단풍을 보듬지 않는다

그런 흔적을 가졌는가?

나는 가능성이다

Modesty

최고에 도달하려면 최저에서 시작하라.

푸블릴리우스 시루스(Publilius Syrus, 고대 로마 작가)

『지미 카터의 위즈덤』이라는 책에 재미있는 일화가 있다.

왜소한 몸짓의 트럭 운전기사가 외딴 도롯가의 휴게소 식당
에서 햄버거를 시켜먹고 있었다. 조금 있자 건강한 남자 넷이

오토바이를 몰고 와서 식당에 들어와 한 바퀴를 둘러보더니 혼자 식사하는 운전기사에게 다가갔다. 그중 한 사람이 작은 체구의 운전자가 먹고 있던 접시에서 감자튀김을 집더니 케첩을 찍어 얼굴에 문지르며 모욕을 주었다. 운전자는 분을 참지 못하고 허겁지겁 나갔다. 일행은 비웃으면서 말했다.

"하하, 저래서 무슨 남자라고. 안 그래요, 아주머니?"

"네, 트럭운전도 형편없나 봐요. 방금 오토바이 넉 대를 깔아 뭉개고 갔어요."

역대 최고의 복서는 누구일까? 무하마드 알리(Muhammad Ali)? 조 프레이저(Joe Frazier)? 조지 포먼(George Foreman)? 1982년에 창설된 국제권투연구협회(IBRO)가 꼽은 최고로 위대한 복서는 '조 루이스 배로(Joe Louis Barrow)'다. 솔직히 우리에게는 조금 낯선 이름일지도 모르겠다. 하지만 전설적인 복서인 알리조차도 "최고로 위대한 복서는 조 루이스다"라며 루이스를 인정했다.

루이스는 1914년 앨라배마 주 라피엣(Lafayette)에서 출생하였으나 10세 때 인종탄압을 피하여 디트로이트(Detroit)로 이주하여 18세에 권투를 시작했다. 그는 1934년 '아마추어 라이트 헤비급 권투협회'의 타이틀을 차지하면서 프로로 전향했다. 이듬해 '인간 산'으로 불리던 프리모 카네라(Primo Carnera)를 쓰러뜨리면서 흑인의 우상이 되었다. 이후 2년 동안 그는 26승 무패에 22KO승을 거둬 '갈색 폭격기'라는 애칭까지 얻었다.

계속되는 승리에 기고만장해진 루이스는 새롭게 부상하는 실력자 막스 슈멜링(Max Schmeling)과의 대결을 앞두고 '이제 슈멜링은 영원히 링을 떠나게 될 것이다'며 큰소리를 쳤다. 하지만 결과는 예상을 뒤엎은 참혹한 KO패였다. 격렬한 시합이 끝난 후 그는 매니저에게 조용히 물었다.

"혹시 시합 도중 상대가 반칙을 범하지 않았나요?"

그러자 매니저는 패배의 아픔을 삭이고 있던 루이스에게 말했다.

"자네는 시합 도중 두 번이나 슈멜링의 벨트라인 아래를 쳤다네."

순간 그는 실력뿐만 아니라 매너도 완전히 패배했다는 것을 깨닫고 자만했던 자신을 반성하여 부단히 실력을 다지기 시작했다. 1937년 6월 22일 그는 제임스 브래독(James J. Braddock)을 8회에 KO로 눕힌 후 새로운 세계 헤비급 챔피언이 되었다. 2년 후 1938년에는 자신에게 뼈아픈 패배를 안겼던 슈멜링을 경기 시작 2분 만에 KO시킨다. 이후 1949년 3월 은퇴를

선언하기까지 12년 동안 25회의 헤비급 타이틀 방어에 성공했으며 25차례나 상대를 KO로 쓰러뜨려 권투 역사상 가장 오래 타이틀을 거머쥔 인물로 기록되었다.

강인함과 곧은 성격으로 높은 인기를 가지고 있었음에도 루이스의 생애는 투쟁의 연속이었다. 선수시절에는 인종차별의 장벽과 싸워야 했고 은퇴 후에는 가난과 싸워야 했다. 실제로 은퇴 후 세금 때문에 많은 고난을 겪었다는 기록도 보인다. 그래서 그는 자서전에서 "나는 링 안팎에서 싸워야만 했다. 그리고 인생에서 이겼다"고 했다. 하지만 그가 복서로서 보여준 가장 큰 가치는 '겸손'이었다.

어느 날 그가 버스 뒷좌석에 앉아있는데 세 명의 청년들이 다가와 시비를 걸었고, 급기야 그에게 모멸감까지 주었다. 루이스는 주먹 한 방이면 모두를 나가떨어지게 할 수 있는 괴력의 사나이였지만 주머니에 손을 넣더니 핵 펀치 대신 명함을 꺼내 주고 버스에 내려 사라졌다. 버스가 떠나자 청년들은 명함 주위로 모여 선명하게 적힌 그의 이름을 보고 소스라지게 놀랐다. 한 방이면 자신의 명예와 자존심을 지킬 수 있었음에도 불구하고 그는 힘 대신 내려놓는 길을 택한 것이었다.

또 한번은 친구와 자전거를 타다가 그의 자전거가 화물차와 부딪치는 사고를 당했다. 화물차 운전기사는 차에서 내리자마자 그를 걱정하기보다 고함을 치며 심한 욕설을 퍼부었다. 화물차 기사가 차를 몰고 간 후 친구가 한마디 했다.

"이봐, 손 좀 봐주지. 왜 그렇게 가만히 당하고만 있었어?"

그러자 루이스는 조용히 미소를 지으며 이야기했다.

"어떤 사람이 카루소(Enrico Caruso, 전설적인 성악가)를 모욕했다고 생각해 봐. 카루소가 화난다고 그에게 노래를 불러줄 리는 없잖아?"

동양에는 '수과하욕(受袴下辱)'이라는 고사가 있다. 사타구니를 지나는 치욕을 감수한다는 뜻으로 중국 전한시대의 한신(韓信)의 일화에서 유래한 것이다. 한신은 뛰어난 무장으로 지혜와 용기를 겸비한 사람이었다. 그러나 그는 어렸을 때 집이 가난해 동네에서 놀림을 받곤 했다. 어느 날 한신이 칼을 차고 다니는 것을 보고 불량배들이 겁쟁이라며 조롱했다. 한 녀석이 한신을 심하게 조롱하며 이 길을 지나가려면 자신의 다리 밑으로 지나가라고 하자 그는 분을 꾹 참고 다리 밑으로 기어들어갔다. 이후 한신은 항우 밑에서 십 년 가까이 집극랑(執戟郎)이라는 하찮은 벼슬을 하면서 보냈다. 하지만 천하를 측량하는 큰 뜻을 품고 있었기에 결국 그의 뜻을 이루게 되었다.

겸손을 뜻하는 'Humility'와 굴욕을 뜻하는 'Humilitation'는 모두 라틴어 'Humilitas'에서 기원했다. 그런데 'Humilitas'의 어원은 'Humus', 즉 흙이다. 흙은 가장 낮은 데 있으면서 누구나 수용하기 때문에 그 의미가 겸손과 맞물린 것이다. 이런 겸손의 본보기를 우리는 흔히 '섬기는 리더십'이라고 한다.

성경에 따르면 "남에게 대접을 받고자 하는 대로 남을 대접하라"는 구절이 나온다. 하지만 감동은 그런 품앗이가 아니라 '그럼에도 불구하고'의 사랑이다. "원수까지도 사랑하라"고 할 때 사랑의 개념은 에로스(Eros, 성적인 사랑)나 필리아(philia, 우정의 사랑), 스톨게(storge, 가족적인 사랑)가 아니라 아가페(Agape, 헌신적인 사랑), 즉 명령된 사랑이다.

인간관계나 사람들과의 만남도 꼭 부딪쳐서 끝장을 보는 것보다 당장은 손해를 보는 것 같지만 조금씩 양보하여 후일을 기약하는 것이 훨씬 낫다. 하지만 우리 사회에서는 이런 사람을 점잖게 표현해서 온건한 합리주의, 비둘기파 등이라고 하면서 너무 재는 소극적 스타일이라고 폄하한다. 부러지는 것보다 휘는 것이 대안일 수 있는데 말이다.

어쨌든 인종에 대한 편견을 딛고 남의 잘못에 관대하며 자신이 받은 성공에는 겸손했던 루이스는 1954년 '복싱 명예의 전당'에 헌액되었다. 그가 세상을 떠난 후 그의 묘비에는 이런 글이 적히게 되었다.

"그는 흑인의 자랑이자. 인류의 자랑이다."

역설적 행운

일 분 전만큼 먼 시간은 없다.

짐 비숍(Jim Bishop, 기자)

R.A. 디키(Robert. A. Dickey)는 토론토 블루제이스(Toronto Blue Jays)
이적 후 첫 완봉승을 따내며 제 몫을 다했다. 디키는 플로리다
주 세인트피터즈버그(Saint Petersburg)에 위치한 트로피카나 필
드(Tropicana Field)에서 열린 탬파베이 레이스(Tampabay Rays)와의

원정 경기에 선발 등판했다. 이날 디키는 탬파베이 타선을 맞이해 9이닝을 완투하며 2피안타 1볼넷 무실점 6탈삼진을 기록해 팀의 3-0 승리를 주도했다.

메이저리그의 한 투수가 2013년 6월 개인 통산 10번째 완투 경기, 6번째 완봉승을 거뒀다는 평범한 뉴스다. 하지만 이 투수에게는 '고속 너클볼러(Knuckleballer)'라는 특이한 별명이 붙어있다.

1974년 미국 테네시 주 내슈빌(Nashville)에서 태어난 디키는 현재 미국 메이저리그 애틀랜타 브레이브스(Atlanta Braves)의 선수다. 테네시대학 시절 그는 140~150km 후반의 강속구를 뿌리는 괴력의 투수로 올림픽 대표선수에 선발되기도 했다. 1996년 그는 꿈의 무대인 메이저리그에서 드

래프트(Draft, 신인 선수를 지명하는 것)되었는데 1라운드 전체 18위로 지명받을 정도로 뛰어난 선수였다. 하지만 텍사스 레인저스(Texas Rangers)와의 계약서에 사인하기 직전 건강 검진에서 팔꿈치에 인대가 없다는 청천벽력과도 같은 사실이 발견되었다.

앤드루스 박사가 말했다.

"척골 측부 인대가 안 보여요. 이 부분이 찢어진 사람, 닳은 사람 등 사람들의 팔꿈치를 수천 번이나 봤지요. 척골 측부 인대를 치료하는 토미 존(Tommy John) 수술도 수없이 했습니다. 그런데 제 평생 척골 측부 인대가 아예 없는 사람은 당신이 처음입니다. 그런데 당신은 아무 증상을 느끼지 않는군요."

R.A. 디키, 『어디서 공을 던지더라도』

야구 선수로서 그는 일종의 사형선고를 받게 되었다. 81만 달러라는 거액의 계약금이 한순간에 7만 5천 달러로 급하락한 순간이기도 했다. 당시 보험 약관에 따라 야구를 포기하면 100만 달러의 보험금을 받을 수 있었다. 디키의 자서전 『어디서 공을 던지더라도』에서 당시 상황을 회상한 디키의 아내는 이렇게 말했다.

남편이 후회 속에 사는 것을 원치 않았습니다. 거의 이룰 뻔한 꿈을 포기하는 것을 원치 않았죠. 어떻게든 살아남는 사람들 이야기가 많잖아요. '그들이 틀렸다는 것을 증명해 보이겠어' 이런 이야기요.

프로의 길은 험난했다. 인대 없는 투수의 공이 바닥에 추락하는 것은 시간문제였다. 디키는 텍사스에서 방출된 15년 동안 싱글 A, 더블 A, 메이저리그까지 37번이나 오르락내리락했다. 아무 보장도 없는 1년 계약만 14번 했을 때도 있었다. 인대 없는 팔로는 운전도 힘들었다. 하지만 팔에 피로감을 느끼지 못한다는 역설적 행운을 발판으로 그는 모험을 시작했다. 메이저리그 정글에서 그가 선택한 회심의 승부수는 너클볼(Knuckle Ball)이었다. 너클볼은 투수가 던진 공이 시속 100~130㎞의 속도로 거의 회전하지 않고 날아가다가 홈에서 예측 불가능하게 변하는 것이다. 타자 앞에서 불규칙적으로 변화를 일으키기 때문에 타자들이 치기 힘들어하는 공이며 포수들도 잡기 어려워한다. 그래서 지저분한 공이라고도 한다. 디키는 2005년 시즌부터 본격적으로 너클볼을 연마하기 시작했고 2010년 뉴욕 메츠와 계약한 이후 2012년 시즌에는 자신의 최고 투구를 펼치며 메이저리그 내셔널리그(National League) 사이영상(Cy Young Award) 수상자로 결정되었다.

2013년 토론토 블루제이스로 팀을 옮기며 2년에 2천 500만 달러(약 270억 원)로 계약하였고 WBC(World Baseball Classic) 미국 대표팀의 에이스로 발탁되었다. 인대 없는 계약금 7만 달러의 선수였던 디키는 300배가 넘는 2,500만 달러 투수로 비상한 것이다. 자서전에서 그는 이렇게 말했다.

내게 있어서 야구란 후회를 관리하는 게임이다. 야구를 하다
보면 언제든 후회를 하게 된다……. 그러나 이런 후회를 계속
마음속에 품고 있으면 도저히 경기할 수 없다. 그레그 매덕스
(Greg Maddux)가 했던 말을 기억해야 한다. "야구 선수는 기억

스포츠,
네버엔딩 스토리

력이 짧아야 한다. 기억을 내려놓고 마치 쓰레기통에 버리듯이 던져버림으로써 후회를 다룰 줄 알아야 한다."

다음 주, 다음 달, 혹은 내년에 대해 걱정하기보다 지금 5분에 자신의 모든 에너지를 쏟아 보자. 성공은 사실 내 눈앞에 아른거리고 있는지도 모른다. 손을 뻗지 않고 한탄하는 사람들에게 성공의 경험자는 말한다.

"꿈이 바로 앞에 있는데 당신은 왜 팔을 뻗지 않는가."

나무는 단풍을
보듬지 않는다

최선을 다했으니 후회는 없다.

장미란(역도 선수)

한여름 무더위에 잘 자란 나뭇잎도 가을이면 영락없이 '온 산의 나뭇잎이 붉게 물든 모습(滿山紅葉)'으로 변한다. 들판, 거리, 뭇 산 어느 곳 할 것 없이 모두 타는 빛깔이고 천지는 가히 붉은빛이 된다. 하지만 제아무리 고운 빛깔이라도 나무는 단풍을 보듬지 않는다. 나무는 제 살에서 잎을 떨군다. 우리는 시들어 나뒹구는 나뭇잎을 보며 가을이 이미 가고 있다는 것을 느낀다. 그래서 '잎이 떨어져 뿌리로 돌아간다(落葉歸根)'고 했다. 뿌리는 줄기를 내고 줄기는 잎을 틔우나 그 잎은 다시 뿌리로 돌아간다. 떨어져 썩어 문드러져야 다시 봄날의 새 생명을 기약할 수 있으니 말이다.

만추의 어느 날 어린 시절 다니던 초등학교를 찾았다. 그땐 학년마다 2개 반으로 6개 학년의 아이들이 득실댔으니 오전, 오후반으로 운영해도 버거웠다. 고작 한 세대가 지났을 뿐인데 병설 유치원생을 합쳐도 옛날 한 학급 학생 숫자에도 못 미치니 격세지감을 느낄 뿐이다. 학교뿐이랴? 나라가 이렇게 변할 줄 지난여름엔들 상상이나 했을까? 참 치열한 베이비 붐 세대였다. 4·19혁명, 5·16군사정변, 10·26사건, 5·18민주화운동, IMF를 지나 스마트폰이 사방에서 빛나고 촛불이 광화문을 수놓는 일까지…….

'틱장애'라는 말이 있다. 아이들의 반복적인 눈 깜빡임이나 코 찡긋거림 같이 스스로 조절하기 힘든 단순한 몸짓이나 소리를 내는 증상이다. 지속되면 '투렛증후군'이라는 질병이 된다. 어찌 애들뿐일까? 툭하면 욕해대는 '욕설틱'이나 모임 때면 '성과제일, 경영혁신'을 외치는 일 중독자도 이웃사촌이다. 상대보다 더 나아야 하며 최고가 되어야 직성이 풀리는 시대다.

하지만 『큰 바위 얼굴』의 주인공 어니스트(Ernest)는 너무나 평범한 인간이다. 그가 사는 마을 인근 계곡에는 사람 얼굴과 비슷한 바위들이 있었는데 마을에는 큰 바위 얼굴과 똑같이 생긴 위대한 인물이 나타날 것이라는 전설이 내려오고 있었다. 어니스트는 성인도 장군도 정치가도 시인도 아니면서 그냥 주어진 나날에 충실한 동네 아재였다. 그러나 어느 날 큰 바위 얼굴에 가장 맞닿은 완벽한 존재가 되었다.

그것을 가능하게 하는 가치와 태도는 무엇이었을까? 이는 바로 일상적인 일과 책임을 '해야 하는 것'에서 '하게 되는' 것으로 자유롭고 단순하게 만드는 것이었다. 자신과 동료, 이웃에게 열려있고 단순하며 유머와 재미가 있고 연민과 감사로 가득한 삶을 만들어 보자. 그래도 불안하고 두렵다면 아직도 무언가에 붙잡혀 있는 것이다.

그런 측면에서 천둥처럼 폭발적으로 달리던 우사인 볼트의 퇴장은 신선했다. 그의 마지막 은퇴 경기로 세계적인 관심을 모았던 2017년 런던 세계선수권대회 100m 결선에서 그는 3위를 기록했다.

스포츠 세계에는 인간의 한계가 만들어 내는 최고의 기록, 이른바 퍼펙션 포인트(Perfection Point)라는 것이 있다. 사람들이 절대 넘어설 수 없지만 애태우며 가까이 다가갈 수 있는 최고의 기록이다. 가령 농구 덩크슛 높이는 4.57m, 홈런 비거리는 228m, 마라톤 기록은 1시간 57분 58초, 100m 달리기의 한계는 8.99초이다.

볼트가 2009년 베를린 세계육상선수권대회에서 세운 9.58초의 기록을 은퇴 경기에서 갈아치우고 특유의 우승 세리머니도 펼쳤으면 좋았으련만 신은 '그만해도 충분'하다고 신호했다. 볼트는 오히려 우승자인 저스틴 게이틀린(Justin Gatlin)에게 다가와 깨끗하게 패배를 인정하고 축하를 전했다. 그러자 게이틀린이 한쪽 무릎을 꿇고 존경을 표했는데 이를 포착한 사진은 감동 그 이상이었다.

스포츠에는 영원한 승자도 영원한 패자도 없다. 특히 전쟁처럼 상대방과 치열한 경쟁을 하는 시합에서 이기고 지는 것을 흔한 일이다. 중국의 옛 고사에는 진퇴에 관한 재미있는 표현들이 가득하다. 장강의 뒷물결은 앞물결을 밀어내고(長江後浪推前浪), 한 시대의 새사람이 옛사람을 몰아낸다(一代新人換舊人). 이처럼 새사람이 옛사람을 대신하는 것이 세상의 이치다. 먼저 태어나 지덕이 뛰어난 사람이 선생(先生)이라면 뒤에 태어난 사람은 후생(後生)이다. 일찍이 공자는 나이가 젊고 무한한 가능성이 있는 후생들은 가히 두려운 존재라고 해서 "젊은 후학들은 두려워할만 하다(後生可畏)"고 했다.

'사위다'라는 아름다운 우리말이 있다. 불타고 사그라져 재가 되는 현상으로 '숯불이 사위다'와 같이 쓴다. 숯불이나 자리도 그렇지만 우리의 삶도 그렇다. 내가 없어도 세상은 잘만 돌아가고, 전통은 내가 아닌 다른 세대들에게 전수되어 만들어진다. 두 번 출전해 올림픽 400m 경주에서 연달아 금메달을 획득한 마이클 존슨(Michael Johnson)이 "은퇴해야겠다고 결심했을 때 트랙을 떠나는 게 나의 마지막 목표"라고 했던 말을 볼트는 그대로 지켰다. 최선을 다하고 결과에 깨끗이 승복하며 박수칠 때 떠나는 선수의 모습은 때론 우승 이상의 신선한 메시지를 담고 있다.

그런 흔적을
가졌는가?

운동만으로도 정신적, 육체적 혜택을 얻을 수 있다.
하지만 운동 시 정신을 집중하는 전략을 함께 채택한다면,
엄청난 정신적 혜택을 아주 빠르게 얻을 수 있다.

제임스 리피(James Rippe, 터프스 의과대학 교수)

군대 시절, 위병소에 들어서자마자 눈에 띄는 것은 빨갛게 나부끼는
깃발이었다. 깃발은 자그마치 별 네 개로 꽉 차 있어 보는 것만으로도 무
게가 느껴졌다. 별 네 개의 장군을 뵌 것은 딱 한 번이었다. 군 정신전력
교재를 집필 때, 동기가 '파쇼'에 대한 문답을 적나라하고 실감 나게 풀

이하는 바람에 전원 사령관실로 호출되어 50분 넘게 무용담을 곁들인 훈시를 들어야 했다. 집무실을 나서며 우리는 직속 상관에게 듣게 될 꾸중 때문에 내심 걱정했는데 상관은 "팀 스피릿(Team Spirit) 훈련 때도 그만큼 시간을 할애하지 않는데 사령관님 관심이 남다르니 열심히 하라"며 예상외로 기분 좋아했다. 사령관은 다시 우리를 찾지 않았지만 깃발을 보면 으레 그날이 떠올랐다.

군가나 깃발, 제복과 같은 예술적 의장장식은 색채, 문양만으로도 정서적 공감대를 형성한다. 정치학자 찰스 메리엄(Charles E. Merriam)은 정치권력의 신비적, 비합리적 측면에 주목하여 이를 '미란다(Mirranda)'라고 했다. 그리고 이성적이고 합리적인 면에서 권력을 정당화하려는 '크레덴다(Credenda)'와 함께 미란다를 상징 조작의 주요 요소로 봤다.

동네 예배당 앞마당에는 새벽기도시간이면 오토바이가 한 대가 늘 서 있다. 힘든 퀵서비스 일을 하시는 장로님의 애마다. 연식이 꽤 되었고 곳곳에 상처의 훈장이 있지만 그래서 더 정겹고 푸근하기까지 하다. 새벽 시간에 오토바이가 있다는 것은 장로님이 안녕하시고 그의 기도가 계속되고 있다는 것을 의미한다. 나는 오토바이를 볼 때마다 생각한다. "나의 흔적은 무엇인가?"

운동선수들이 필승 의지를 다질 때 흔히 사용하는 방법 중 하나는 문신이다. 수영 선수 마이클 펠프스(Michael Phelps)의 엉덩이처럼 선수들은 자신의 결심을 어딘가에 새겨둔다. 최경주 선수도 자신의 골프 가방이나 운동화 어딘가에 태극기를 새겼다. 아테네 올림픽 육상 경기의 100m 우승 후보였던 '원조 탄환' 모리스 그린(Maurice Greene)도 마찬가지다. 그는 승리를 다짐하며 어깨에 '역사상 가장 위대한 선수'를 뜻하는 'GOAT(The Greatest of All Time)'라는 글귀를 문신으로 새겨 넣었다.

『타임(Time)』이 선정한 '2012년 세계에서 가장 영향력 있는 100인'으로 뽑힌 팀 티보(Tim Tebow)는 자신만의 독특한 흔적으로 많은 팬에게 깊은 인상을 남겼다. 그는 NCAA 리그 역사상 최고의 쿼터백이자 NFL 최고의 스타였다. 그는 얼굴의 아이 블랙에 'John 3:16(요한복음 3장 16절)'이라고 표시했다. 그리고 그는 경기에서 승리한 후 의식처럼 한쪽 무릎을

꿇고 한 손에 이마를 대며 기도하곤 했는데 이를 따라하는 팬들이 늘어나면서 '티보잉(Tebowing)' 열풍이 일어나기도 했다.

1996년 11월 9일, 마이크 타이슨(Mike Tyson)과 에반더 홀리필드(Evander Holyfield)의 대결이 있던 날이었다. 타이슨은 30살의 나이에 45승 1패 39KO승의 전적으로 가공할만한 펀치를 지녔는데 그에 걸맞게 별명은 '핵주먹'이었다. 그에 반해 32승 3패 23KO승의 도전자 홀리필드는 34살의 나이로 지는 해였다. '세기의 대결'이라는 광고가 무색할 지경이었다. 홀리필드는 승리보다 거액의 대전료를 받기 위해 나온 것쯤으로 여겨졌다.

그런데 링에 올라온 두 선수에게 눈에 띄는 흔적들이 보였다. 타이슨의 어깨에는 모택동의 문신이 새겨져 있었고 홀리필더의 가운과 트렁크 팬츠에는 'Phill 4:13(빌립보서 4장 13절)'이라는 글자가 선명하게 적혀 있었다. 이 구절은 "내게 능력 주시는 자 안에서 내가 모든 것을 할 수 있느니라"라는 내용이다. 평소 기독교에 냉소적이었던 관중들은 냉담하게 이야기했다.

"뻔히 질 경기에 예수님을 팔고 하나님을 팔다니, 저런 사람들 때문에 하나님이 욕먹는다니까."

경기는 시작했고, 1~2회면 타이슨의 KO승으로 끝날 줄 알았던 경기가 3회가 되고, 5회가 되고, 11회가 되었다. 그리고 11회에 이변이 일어났다. 지는 해가 벌건 노을이 되어 승리한 것이다. 한국의 홍수환 선수는 당시 홀리필드의 승리를 거의 확신했다고 한다. 그의 이름이 '홀리필드', 즉 하나님의 성역(聖域)이었기 때문이다.

'불의 전차'라는 영화의 실제 주인공으로도 유명한 에릭 리델(Eric Lid-dell)이라는 선수가 있다. 그는 1924년 제8회 파리 올림픽에서 100m 육상 경기에 영국 대표로 출전했다. 리델은 금메달이 거의 확실한 상황이었음에도 불구하고 경기 날이 주일임을 알고는 경기를 포기하고 경기장 인근에 있는 교회에서 예배를 드렸다. 이후 그는 200m와 400m 출전을 권유받았고 200m 경기에 출전해 예상을 뒤엎고 동메달을 획득했다. 그리고 두 번째 출장 경기인 400m 경기에서는 미국, 스위스 등 강력한 우승 후보들을 물리치고 금메달을 땄다.

리델은 경기에 앞서 작은 쪽지 한 장을 자신의 주머니에 넣었다. "나를 존중히 여기는 자를 내가 존중히 여기고(사무엘상 2장 30절)"라는 성경 구절과 함께 항상 주 안에서 승리하기를 바란다는 내용이 담긴 쪽지였다. 주일에는 경기에 출전하지 않겠다는 결심을 실천한 그의 신앙에 감탄한 팬(영국 육상 선수 안마사)이 건넨 쪽지였다. 선교사였던 아버지는 그에게 늘 "완벽하게 해내기만 한다면 감자껍질 벗기는 일로도 주님께 영광을 돌릴 수 있단다"라며 타이르곤 했다. 실제로 그는 달릴 때 가장 행복했다. 그리고 그는 이런 말을 남겼다.

"나는 하나님의 영광을 위해 달린다. 나는 달릴 때 가장 행복하다. 하나님은 나를 달릴 수 있도록 만드셨다. 나는 달릴 때 하나님의 기쁨을 느낀다."

누구나 긍정적인 '피그말리온(Pygmalion)'이든 혹은 부정적 낙인의 '스티그마(Stigma)'이든 저마다의 흔적을 가지고 있다. 짧게 보면 이미지에 불과하지만 길게 보면 유산이기도 하다.

세상에서 가장 가슴 아픈 일 가운데 하나는 사랑하는 사람과의 이별이다. 하지만 이별보다 더 슬픈 것은 잊히는 것이다. "든 사람은 몰라도 난 사람은 안다"는 말처럼 있어도 그만, 없어도 표 나지 않은 존재가 아니라 떠나고 난 뒤의 빈자리가 더 크게 느껴지는 사람이 되어야 한다. 그러기 위해서는 자신의 시간을 쏟고, 물질을 들이며, 정성과 공을 들여야 한다.

나는 가능성이다

반복은 천재를 낳고 믿음은 기적을 낳는다.

박세리(골프 선수)

헬렌 켈러(Helen A. Keller)는 시각·청각장애와 그로 인한 언어장애까지
가지고 있었다. 하지만 이 모든 것을 극복하고 작가이자 교육가 그리고
사회운동가로 활동했다. 하루는 숲 산책을 마치고 막 돌아온 친구에게
헬렌 켈러가 무엇을 보았는지 물었다. 친구는 "특별한 것은 없었어"라며

대꾸했다. 장애 때문에 보고 듣지 못하는 헬렌 켈러에게 친구의 숲 이야기는 충격이었다. 그녀는 이 상황에 대해 다음과 같이 안타까운 속내를 드러냈다.

한 시간 동안 숲속을 산책하면서 특별한 것이 없었다는 게 의아했어요. 나는 눈이 보이지 않아요. 하지만 숲에서 나뭇잎의 섬세한 아름다움, 자작나무의 부드러운 은빛 표면, 소나무의 거칠고 덥수룩한 표면 등 수백 가지를 발견해요. 당신에게 꼭 이렇게 권하고 싶네요. 마치 내일이면 완전히 시력을 잃어버릴 것처럼 당신의 눈을 적극적으로 활용하라고요. 내일이면 귀가 완전히 먹어버릴 사람이 될 것처럼 공기의 음악, 새의 노래, 오케스트라의 웅장한 연주를 들어보세요. 내일이면 촉감이 완전히 마비될 것처럼 모든 물건을 만져보고, 내일이면 다시는 냄새를 맡을 수 없을 것처럼 꽃향기를 맡아보세요. 내일이면 다시는 맛을 볼 수 없을 것처럼 음식을 먹을 때마다 한 입 한 입 음미해 보세요.

다들 그렇다. 늘 걷는 길, 늘 듣던 새소리, 늘 보던 사람들 속에서 무료함을 느끼며 살아간다. 나 역시 남들처럼 살기 때문에 헬렌 켈러의 친구가 한 말이 이해된다.

그런데 평범한 일상 속에서 아주 인상 깊은 경험을 한던 적이 있다. 미국의 동남부 노스캐롤라이나(North Carolina)주에서 잠시 머물고 있을 때 누군가 '아우터 뱅크스(Outer Banks)'라는 곳을 소개해 줬다. 마침 그곳을 다

녀온 경험이 있던 기자한테 묻자 그는 단칼에 "가봤자 허허벌판에 글라이더 기념관뿐이에요"라고 말했다.

자동차로 6시간 넘게 달려 도착해보니 너른 벌판에 라이트형제기념관과 바닷바람에 풍상을 견뎌낸 나무 군락이 전부였다. 그런데 언덕의 한 곳에 오래된 행글라이더 아래에 새겨진 동판을 보는 순간 일종의 전율이 느껴졌다.

"세상을 바꾼 12초(12 Seconds that Changed the World)"

라이트 형제는 수차례 비행에 도전하여 연거푸 실패를 거듭하다 드디어 1903년 12월 17일, 12초 동안 120피트를 나는 데 성공한다. 동판의 글자는 그 찰나의 비행이 초음속 비행기는 물론 우주탐사선으로까지 발전하여 세계를 바꾼 계기가 되었다는 의미이다. 무엇인가 간절히 열망하거나 소원하면 상황은 달라질 수 있다.

펼 수 없는 팔과 걸을 수 없는 다리, 두 눈의 안구가 없어 영원히 빛을 볼 수 없는 '무안구증'의 중복 장애를 가진 남자가 있다. 패트릭 헨리 휴스(Patrick Henry Hughes)는 1988년 극히 희귀한 장애들을 한 몸에 안고 태어났다. 그런데 생후 9개월째 되던 어느 날, 기적처럼 아이는 피아노 건반을 두드렸다. 이후 휴스는 불굴의 의지와 부모의 헌신적인 노력으로 세상에 감동과 희망의 메시지를 전하는 뮤지션으로 성장했다. 점자를 익혀 루이빌대학에 합격한 그는 마칭밴드에 입단해 트럼펫 연주자로 활약했다. 휴스는 운동선수가 아닌 사람으로는 최초로 2006년 '디즈니세계스포츠정신상'을 수상했고 '아름다운 인생의 본보기'로 각종 매스컴에서 극찬을 받았다. 그는 자기 안의 가능성과 잠재력을 믿고 역경 앞에서도 좌절하지 않는 가능성의 릴레이, 『나는 가능성이다』 열풍을 불러일으켰다.

스포츠는 때로 예술의 경지로 승화되기도 하는 가능성의 릴레이다. 산악인 박정헌에게 스포츠는 영원한 버킷리스트일지도 모른다. 그는 8,000m 고산 8좌를 등정하고 2000년 K2(8,611m) 무산소 등정, 2005년 1월에는 영하 25도의 히말라야 촐라체(Cholatse) 북벽을 세계 최초로 오른 사나이로 우리나라 고산 거벽 등반 분야에 가장 눈에 띄는 성과를 거둔 인물이다.

하지만 2005년 1월, 후배 최강식과 수직의 거벽을 어렵게 타고 6,440m 의 촐라체를 내려오는 도중 최강식이 커다란 얼음 틈에 추락하는 사고를 당했다. 23m 아래로 떨어진 최강식을 순간적으로 잡아 올리기 위해 박정헌이 안간힘을 쓴 사이 5번 척추에 2/3가 함몰되고 왼쪽 갈비뼈 두 개와 오른쪽 어깨가 탈골되었다. 최강식 역시 두 다리가 부러지는 사고를 당했다. 그 둘을 유일하게 연결하는 것은 오로지 한 줄의 로프였다. 그렇게 둘은 천 길 낭떠러지 사이에 위태롭게 매달려 있어야 했다. 생사마저 확인할 수 없는 지옥 같은 시간이 흘렀고 박정헌은 급기야 줄을 끊어야 할지도 모른다고 생각했다. 마지막으로 다시 후배의 이름을 불렀고 살아있는 후배의 목소리가 저 아래에서 희미하게 들려왔다. 그는 처절하게 고민했던 찰나 같은 순간을 떠올렸다. 훗날 박정헌은 당시 상황을 다음과 같이 회상했다.

"사람의 생각이 너무 달라요. 저는 위에 있잖아요. 저는 살아있는 사람이고 최강식은 떨어지면 죽을 사람이에요. 그런데 생각은 전혀 달라요. 죽을 사람은 삶을 생각하게 되고 살아있는 사람은 죽음을 생각하게 되고

서로 교차돼요."

극적으로 생환했지만 그는 사고의 휴유증으로 34년 동안 최고의 연장이 되어 준 여덟 손가락을 잃게 되었다. 그는 여전히 "아직 엄지는 멀쩡하잖아요"라고 웃으며 산속에 있을 때 그가 살아있다는 존재의 의미를 가장 강하게 느낀다고 했다. 그는 히말라야를 패러글라이딩으로 날아다니면서 새로운 도전을 이어 가고 있으며, 제주도 카약 일주를 시작으로 또 다른 버킷리스트에 도전하고 있다.

메이저리그 역사상 가장 방망이가 뜨거웠던 시대에 뉴욕 양키스 1루수 루 게릭(Lou Gehrig)은 1925년부터 15년간 단 한 게임도 거르지 않고 출전하여 '철마(Iron Horse)'라는 별명을 가지고 있었다. 한 경기에서 4개 홈런을 쳤던 그도 '근위축성측색경화증(ALS)'이라는 원인 모를 병으로 은퇴 2년 후 세상을 뜨고 말았다. 그로 인해 이 병은 '루게릭병'으로 불리게 되었다.

한때 이 루게릭병을 위한 기부의 일환으로 '아이스버킷 챌린지'라는 캠페인이 일어났었다. 스포츠 선수의 이름을 딴 이 병을 알리고 후원하기 위한 아이스버킷 챌린지는 2014년 미국의 한 골프 채널에서 시작되었다. 이후에도 많은 스포츠 선수들이 캠페인에 참여했다. 캠페인이 시작된 지 20일 정도 지났을 때 약 427억 원이 모였다. 깃털이 쌓여 배를 가라앉히는 격이다.

이 외에도 스포츠와 관련된 캠페인으로는 일정 거리를 달릴 때마다 얼마씩 기부하는 '채리티 마일즈(Charity Miles)'가 있다. 그냥 달리면 혼자만의 독백이지만 기부나 참여를 가미하면 사회적 대화가 되는 것이다. 미국의 사이클 선수 랜스 암스트롱(Lance Armstrong)이 고환암을 극복하고 재기에 성공한 후 암환자 재단 모금을 위해 만든 '리브 스트롱(Live Strong)' 팔찌 역시 스포츠 선수로부터 시작된 기부의 예다.

"시원한 얼음물 샤워를 할 수 있는 당신은 행복한 사람"이라며 안타까운 심정을 호소한 박승일은 프로농구 선수 출신으로 농구팀 코치였으나 2003년 루게릭병에 걸렸다는 사실을 알게 되었고 현재는 치료 중이다. 그는 병상에서도 동료들과 함께 비영리 재단법인을 통해 루게릭병 환우를 돕는 일에 앞장서고 있다.

우리도 언제든 이러한 상황에 처할 수 있다는 사실을 떠올린다면 땅 위를 걷는 평범한 일이 축복이 되고 특별해진다. 그리고 우리 자신도 특별한 사람이 된다. 하지만 우리는 절벽에 매달리거나 장애나 질병이라는 고난에 처하더라도 얼마든지 특별한 사람이 될 수 있다. 스포츠의 어원에는 '자신을 즐겁게 하는 것'이라는 의미가 있다. 스포츠를 통하여 나 자신을 즐겁게 하고 위안으로 삼아 나아간다면 그것은 결국 또 하나의 가능성이 되는 것이다.

06

감동

—

그들을 움직인 한마디
당신은 아직 더 갈 수 있다
Remember When
다시 일어서리라
슬픔에의 위안

Impression

그들을 움직인 한마디

당신이 행한 봉사에 대해서는 말을 아끼라.
허나 당신이 받았던 호의들에 대해서는 이야기하라.

세네카(Seneca, 고대 로마 철학가)

카리브 해의 섬나라 자메이카는 열대지방 특유의 덥고 습한 기후로 우사인 볼트를 배출한 세계적인 육상강국으로도 잘 알려져 있다. 평균기온은 35도로 반바지에 티셔츠만으로도 충분한 이 나라에서 눈 구경은 그야말로 그림의 떡이다. 그런 자메이카의 청년들이 눈썰매 경주인 봅슬레이

에 도전한다는 내용을 담은 '쿨 러닝(Cool Running)'이라는 영화가 있다. 이 영화는 1988년 캘거리 동계올림픽에 출전한 자메이카 팀의 실제 이야기를 근거로 해 더욱 큰 감동을 준다.

2008년 1월 14일 미국 솔트레이크시티(Salt Lake City) 파크시티(Park City) 경기장, 봅슬레이 경기에 출전한 한국 대표팀의 썰매에는 'KOREA' 대신 'USA' 마크가 찍혀있었다. 대당 1억 원에 달하는 봅슬레이를 살 여건이 안돼 미국 대표팀이 쓰던 중고 봅슬레이를 500달러에 빌린 것이다. 6년이 흐른 2016년 1월 23일 캐나다 휘슬러(Whistler)의 봅슬레이 경기장, 한국의 무모한 청춘 원윤종과 서영우는 100년 전통의 썰매 강국인 유럽과 북미 선수들을 제치고 세계 정상에 올랐다. 외국 선수들이 타던 중고 썰매 대신 우리 기술로 특별 제작한 썰매에는 태극기가 선명했다. 금메달 시상대에서 우리의 눈길을 끌었던 것은 "고머, 편히 쉬세요. 사랑합니다(GOMER REST IN PEACE, WE LOVE YOU)"라고 쓰여진 작은 카드였다.

영국 출신의 말콤 고머 로이드(Malcolm Gomer Lloyd)는 31년간 미국·영국 등 5개국에서 지도자 생활을 한 뒤 2014년부터 한국 봅슬레이 대표팀을 맡으면서 주행기술과 트랙 적응방법을 전수했다. 그는 2016년 1월 68세의 일기로 숨을 거두는 순간까지도 제자들을 생각하며 아내를 통해 "올 시즌 남은 월드컵 메달을 모두 가져와 달라"는 유언을 남겼다. 온 몸을 던졌던 코치의 한마디에 선수들은 이를 더 악물고 연습에 몰두했다. 그 결과 '쿨 러닝'의 기적을 이루었다. 그리고 이들에겐 '빙상강국 대한민국'이라는 또 하나의 공동과제가 놓여있다.

딘 스미스(Dean Smith)는 미국 대학농구 명문인 노스캐롤라이나대학의 감독이다. 그는 36년간 879승이라는 놀라운 기록을 남겼으며 농구 황제 마이클 조던을 비롯하여 거대 스타들을 배출한 명장으로도 유명하다. 1997년 10월 그가 은퇴를 선언하자 라이벌 감독들은 물론 수많은 농구 스타들이 그의 퇴진을 아쉬워했으며 심지어 미국 대통령까지 그에게 전화를 걸어서 경의를 표했다. 그는 신화적인 경기 전적 못지않게 선수 한 사람 한 사람에게 깊은 애정을 심어 준 멘토로도 유명하다. 스미스 아래에서 선수생활을 했던 한 선수의 회상은 그가 선수들에게 감독 이상의 존재였음을 보여준다.

시합을 마치고 코트를 나오는 순간 관중 속에서 한사람이 나를 향해 "야, 깜둥이 원숭이!"하고 큰 소리로 야유했다. 그러자 스미스 감독이 불같이 화를 내며 관중 속으로 뛰어가려고 해서 코치 두 명이 온 힘을 다해 그를 붙잡아야만 했다. 그렇게 심하게 화를 내는 것을 보고 나는 충격에 빠졌다. 그 일로 나는 감독을 더욱 자랑스럽게 생각하게 되었다.

마이크 슈셉스키(Mike Krzyzewski)는 미국 동남부의 듀크대학교를 NCAA의 정상으로 올려놓았으며 베이징 올림픽 때 미국팀 감독을 역임했다. 2004년 7월, 프로농구팀 LA 레이커스(Los Angeles Lakers) 관계자가 그에게

슈셉스키 감독

감독직을 제의했다. 레이커스는 코비 브라이언트(Kobe Bryant), 샤킬 오닐(Shaquille O'neal) 등 슈퍼스타가 즐비한 최정상 팀이었다. 이런 팀의 지휘봉을 잡는다는 것은 농구 지도자들의 꿈이기도 했다. 더구나 1980년 듀크대학교와 계약했을 때 연봉이 4만 달러였던 것에 비해 레이커스는 향후 5년간 4,000만 달러를 주겠다고 제안했다.

레이커스의 제의는 분명 거절하기 힘든 유혹이었을 것이다. 하지만 슈셉스키는 NBA행을 포기했다. 명장을 남게 한 것은 슈셉스키를 스카우트 해준 듀크대학교 처장 톰 버터스(Tom Butters)와 19세 대학생의 이메일이었다. 그 학생은 자신의 영웅이 떠난다는 소식을 접하고 슈셉스키 감독으로부터 "한 명의 선수는 단지 손가락 한 개에 불과하지만, 5명으로 뭉치면 단단한 주먹이 된다"라는 가르침을 받았으며, 슈셉스키 감독의 지도를 받을 수 있는 선수로서의 꿈은 접었지만 "당신은 학교 농구팀뿐만 아니라 저희 모두의 스승"이기 때문에 부디 감독으로 남아 달라고 간곡히 부탁했다. 슈셉스키는 "듀크대학은 값을 매길 수 없는 영원한 코트"라며 눈시울을 붉혔다.

2016년 아르헨티나 축구 대표팀 은퇴를 선언한 리오넬 메시(Lionel Messi)에게 학교 선생으로 일하는 요아나 푹스(Yohana Fucks)가 보낸 편지는 큰 화제를 낳았다. 그녀는 자신의 페이스 북에서 편지 내용을 공개했는데 그 내용은 다음과 같다.

당신의 은퇴는 승리의 가치만 중요하게 여기고 패배를 통해 배우는 것을 무시하는 행태에 동조하는 것이다……. 진짜 영웅은 졌다고 포기하지 않는 것이며 함께 승리의 기쁨을 나누고, 질 때도 혼자가 아니라는 사실을 알았으면 좋겠다. 결과와 관계없이 사랑하는 일을 통해 행복을 얻는다면 그것이 바로 위대한 우승이다.

그녀는 편지를 통해 메시에게 은퇴를 다시 생각해 달라고 호소했다.

별이 되기까지는 자신의 노력도 중요하지만 수많은 운석이라는 조연이 있었음을 기억해야 한다. 스포츠 스타들이 탄생하기까지도 수많은 사람의 조언과 도움이 있었다. 그리고 그 조언과 도움을 받아들이고 감사할 줄 아는 마음이 그들을 스포츠 스타로 성장시켰다.

당신은 아직
더 갈 수 있다

낙관주의는 성공으로 인도하는 믿음이다.
희망과 자신감이 없으면 아무것도 이루어질 수 없다.

헬렌 켈러(Helen Keller, 사회운동가)

'세렌디피티(Serendipity)'라는 말이 있다. 뜻밖의 발명이나 운 좋은 발견을 뜻하는 것으로 과학계, 의학계 등에서 실험 도중 발견한 의도하지 않는 행운을 말한다. 곰팡이 배양실험을 하는 도중에 발견한 페니실린 항생물질이나 협심증 치료제로 개발된 비아그라의 발기부전 효과, 접착제를 개발하려다 발견된 뗐다 붙이기 쉬운 포스트잇 등이 그 예이다.

일상 중에서도 우리는 뜻밖의 행운을 종종 발견한다. 걷기 마니아들 가운데 칸트(Immanuel Kant)와 니체(Friedrich W. Nietzsche)는 독특한 전설로 남아 있다. 고향을 떠나지 않고 매일 오후 3시 30분이면 정확하게 산책했던 칸트는 시계와도 같은 존재였기에 고향 이름을 따 '쾨니히스베르크(Königsberg) 시계'로 불렸다. 하지만 니체에게는 일종의 역마살이 있었다. 그는 독일, 스위스, 프랑스, 이탈리아 휴양지를 방랑하면서 삶에 대한 절박한 의지와 각오를 드러냈다.

모나코에서 열린 국제스포츠학술대회에 참가한 후 짬을 내어 버스로 30분 정도 거리에 있는 프랑스의 에즈(Eze)라는 마을에 갔을 때였다. 야트막한 산중턱의 성당과 옛 돌담길, 조각상들은 중세로의 시간여행을 연상시켰다. 하지만 소소한 감흥을 일거에 불식시킬만한 놀라운 발견은 따로 있었다. 바로 한쪽에 난 '니체의 길(Chemin de Nietzsche)'이었다.

육체적 고통과 정신적 발작으로 심신이 나약해진 니체는 이 길을 거닐며 사색을 즐겼고 훗날 불후의 명저 『차라투스트라는 이렇게 말했다』의 영감을 얻었다고 한다. 그래서였는지 그 책에서 그는 '심오한 영감의 상태, 모든 것이 오랫동안 걷는 길 위에서 떠올랐다'고 고백했다. 심신이 지친 니체에게 걷기는 치유의 활동이자 창조의 몸짓이기도 했다. 하루 만보걷기를 생활화하는 내게 130여 년의 시간차 동행은 말 그대로 보석을 발견한 느낌이었고, 삶의 세렌디피티였다.

삶의 여정은 각자 다르게 펼쳐지고, 그 길은 잘 포장된 것도 아니다. 사람들은 그 길에서 수없이 헤매기도 한다. 그래도 좌절하지 않고 우리를 일어나게 하는 것은 희망이다. 그 희망이란 땅 위의 길과 같다. 포장되지 않은 길도 걸어가는 사람이 많이 지나가면 잘 닦인 도로가 되는 것이다. 삶의 세렌디피티란 우연이지만 그것이 행운이 되는 데는 끈기와 같은 잦음이 있다.

캘리포니아 산타클라라(Santa Clara)에서 활약한 수영 코치로 조지 헤인즈(George F. Haines)라는 남자가 있었다. 그가 지도하는 팀이 너무나 빨리 세계신기록을 갈아 치우는 바람에 기념패를 만들 시간조차 없다는 농담이 돌아다닐 정도였다. 헤인즈의 비결은 이러했다. 그는 선수가 라커룸에서 나와 물에 뛰어드는 순간부터 풀장 옆을 함께 뛰며 "힘내. 넌 할 수 있어. 넌 훌륭한 선수야. 넌 진정으로 위대한 승자가 될 거야"라고 자긍심을 키우는 말을 했다. 그러면 선수는 헤인즈의 지시에 따라 몇 번이고

"난 가장 빠른 선수다. 난 챔피언이다"라는 말을 반복하면서 승리의 가능성을 확인했다.

미국 해군전력평가에서 꼴찌를 한 구축함 '벤폴드(Benfold) 호'를 1년 만에 최고로 만든 마이클 에브라소프(Michael Abrashoff) 함장은 생도 때부터 누구보다도 1등을 절실하게 바랐던 사람이었다. 그는 해군 제독이 되는 것을 당연하게 여겼고 실제로 동기들 가운데 가장 먼저 중령으로 진급했다.

그런데 페리(William J. Perry) 국방부 장관의 해군보좌관으로 일할 때 에브라소프는 그 같은 집념을 버렸다고 고백했다. 직속 상사인 소장에게 업무의 90%를 거부당할 정도로 자신의 능력이 형편없다고 낙담해 있을 때였다. 마침 상관이 두 달간 자리를 비워 에브라소프가 자리를 대행하게 되었다. 고군분투 끝에 드디어 상관이 돌아왔다. 그는 상관이 장관에게 에브라소프가 일을 잘했는지 묻는 것을 듣게 되었다. 장관은 이렇게 대답했다.

"자네와 그 친구를 맞바꿔도 되겠네."

제독 수준의 일을 해냈다는 칭찬을 듣는 순간 더는 제독이 되어야 할 필요를 느끼지 않게 되었다. 인생의 진로를 결정하는 것은 성적이나 평가가 아니다. 그것은 누군가가 무심코 던진 한마디에서 비롯되기도 한다.

프랑스의 에즈 마을 길을 걸으며 영감을 받았던 니체는 『차라투스트라는 이렇게 말했다』에서 이러한 희망의 메시지를 담았다.

"끊임없이 전진하라. 좀 더 먼 곳으로 좀 더 높은 곳을 지향하라."

잊지 마라. 당신은 아직 더 갈 수 있다.

Remember When

거울은 그대로 두고 그대의 모습을 바꾸라.
세상을 그대로 두고 그대의 마음을 바꾸라.

네빌 고다드(Neville Goddard, 형이상학자)

　먼 곳에서 펼쳐지는 스포츠 경기를 본 적이 있는가? 스포츠 경기를 즐기는 가장 좋은 방법은 현장에서 손에 땀을 쥐고 보는 것이다. 하지만 거리나 시차 등의 문제로 텔레비전이나 컴퓨터로 봐야 하는 경우가 더 많을 것이다. 만약 그래야 한다면 방법은 두 가지다. 생방송으로 보든지 아니면 재방송을 보든지. 당신이 진정한 마니아라면 새벽이든 한낮이든 응당 생방송을 사수해야 한다. 이미 결론 난 경기를 재방송으로 보고 뒤늦게 색다른 감회에 젖는다고 한들 절반쯤의 감동밖에 느끼지 못할 것이다. 스릴과 박진감, 긴장의 강도를 제대로 맛볼 수 있을까? 그렇다면 솔직하지 못한 것이요, 비겁한 팬이다.

모름지기 응원이란 현장에서 보는 게 가장 효과적이지만 생방송으로 보더라도 선수에게 응원을 보낼 수 있다. 이처럼 선수에게 보내는 응원은 격려 이상의 마력을 가진다. 불교의 '타력' 혹은 기독교의 '중보기보'처럼 눈에 보이지 않는 다른 커다란 에너지가 선수들에게 전달되고 나 역시 '그 자리'의 주역이 되기 때문이다. 실제로 노벨 물리학상을 받은 필립 앤더슨(Philip Anderson)은 한 사람일 때는 한 점에 불과 하지만 "많아지면 달라진다"고 말했다. 두 사람을 연결하는 하나의 선은 다섯 명일 때는 10개의 선, 15명 일 때는 105개의 선이 되어 기하급수적으로 늘어난다.

그런데 만약 우리 주변에 슬픈 일을 당해 아픔의 상처가 채 아물지 못한 이웃이 있다면 어찌할까? '애이불상(哀而不傷)', 슬퍼하되 정도를 넘지 말라 하였고 '낙이불음(樂而不淫)', 기쁘고 즐거워하되 지나치지 말라 하였다. 우는 자와 함께 울고, 기뻐하는 자와 함께 웃되 손잡고 다시 또 일어서 같이 가면 된다.

2001년 9월 18일 미국의 심장인 뉴욕은 물론 전 세계인의 가슴에 가공할 만한 충격을 준 테러 공격이 일어난 후 꼭 일주일 되던 날, 뉴욕 양키스팀은 첫 경기를 홈구장에서 1천 마일이나 떨어진 시카고에서 치러

야 했다. 양키스의 조 토리(Joe Torre) 감독 역시 대다수의 미국인처럼 "이 난리 통에 야구가 무슨 의미가 있겠느냐"며 자신을 질책했다. 하지만 상대 팬들이 들고 온 'I Love NY'의 플래카드를 본 순간, 그는 자신의 팀이 단순히 경기만 치르는 것이 아님을 깨달았다.

머지않아 뉴욕을 연고지로 하는 또 다른 팀, 메츠가 테러 이후 처음으로 홈경기를 치렀다. 심장의 한 부분이 떨어져 나간 그 자리에서 선수들과 팬들은 경기 전 희생자들을 추모하고 경찰과 소방관들을 격려하며 서로를 보듬었지만, 마음은 가뭄처럼 바짝 말라 있었다. 그러나 메츠의 포수 마이크 피아자(Mike Piazza)가 8회 2점 홈런을 쏘아 올리자 분위기는 달라졌다. 바비 발렌타인(Bobby Valentine) 감독과 팬들은 "딱!"하는 방망이 소리와 함께 슬픔을 떨치고 자기도 모르게 일어나 박수치며 환호성을 질렀다.

하지만 문제는 승패다. 패배한다면 힘든 하루를 어찌 보내야 하나? 이 또한 연연하지 말라. "Remember when"이라는 말이 있다. 네빌 고다드 (Neville Goddard)라는 강연자가 즐겨 쓴 단어인데 가령 이렇다. 잠실대교를 지날 때 누군가는 "옛날에 이곳은 순 뽕밭이었어"라고 말한다. 9·11 테러 현장이었던 세계무역센터 자리를 지날 때 어떤 뉴요커는 "아, 멋진 쌍둥이 건물이 생각나는구먼"이라고 할 것이다. 현재 눈앞에 없는 것을 떠올릴 때 '기억의 방법'을 건설적으로 하느냐 파괴적으로 하느냐는 천지 차이다.

워터게이트 사건으로 절망스럽게 백악관을 떠나야 했던 닉슨 전 대통령을 구원해 준 것은 골프였다고 한다. 활기 없는 스윙에 실력 또한 내세울 것이 없었지만 그는 기량이 아니라 몰입으로 위안을 받았다.

정치와 마찬가지로 전쟁이나 스포츠에서 승패는 흔한 것이다. '이기고자 하는 열망'은 승부의 세계에서는 경이로운 비전이며 꿈을 실현하는 근원이지만 '승리를 향한 응원'의 마음만으로도 우리의 평범하고 따분한 일상에 위안을 준다. 그러하니 힘들어도, 슬퍼도 일어서야 하리라.

"Enjoy Sports, Be Happy!"

다시 일어서리라

장애물을 만났다고 반드시 멈춰야 하는 것은 아니다.
벽에 부딪힌다면 돌아서서 포기하지 말라.
어떻게 벽에 오를지, 벽을 뚫고 나갈 수 있을지, 또는 돌아갈 방법은 없는지 생각하라.

마이클 조던(Michael Jordan, 농구 선수)

　　신문마다 지면을 꽉 채운 인사란에 내 이름은 없다. 나라든 회사든 '인사
가 만사'라지만 사실 100% 만족하는 인사는 없다. 사람을 판단하는 능력
이 뛰어난 심사관이 모든 것을 고루 갖춘 인재를 골랐더라도 불만은 있기
마련이다. 그래서 고수들은 '의심나면 쓰지 말고, 쓰면 의심 말라(疑人勿用 用

人勿疑)'했고, '함리스 에러(Harmless Error)'라고 해서 대세에 지장을 줄 만한 잘못이 아니라면 현안 타파를 위해 적극적으로 발탁하라고 했다.

미국 작가 개리슨 케일러(Garrison Keillor)가 만들어 낸 가상에 마을인 '워비곤 호수(Lake Wobegon) 마을'에는 대단한 사람들만 모여 산다. 그 마을의 사람들처럼 자신을 몰라준다고 서운한 마음을 품고 언제까지 웅크리고 있으려 하나? 털어내야 한다. 불만을 품는다면 결국 나만 불행해질 뿐이다. 개가 짖어도 KTX는 달리고 여전히 또 다른 해가 밝아 온다. 세상은 넓고 기회는 널려있다.

할 일이 있다는 것만으로도 큰 행복이다. 지나고 보면 의미 없는 시간이나 하찮은 일들은 결코 없다. 애플의 스티브 잡스(Steve Jobs)를 보라. 자신이 세운 일터에서 쫓겨나 멍하게 서체 공부를 했던 때가 나중에 매킨토시를 살린 보배의 시기가 되었다. 인생은 점들의 연결이기에 그 점들이 모여 직선이나 곡선을 만든다. 힘들다고 생각하면 지금 커브 길에 서 있는 것이다. 조금 돌지 모르지만 그 길은 새로운 도전의 길이다.

다리오 실바(Dario Silva)라는 인물을 검색하면 '카누 선수', '전 축구 선수'라는 두 단어가 뜬다. 1994년 국가대표 첫 무대에서 우루과이 리그 득점왕이 된 그는 이탈리아와 스페인에 진출한 뒤에도 '그라운드의 마라토너'를 연상시킬 정도의 부지런한 몸놀림과 득점력을 앞세워 세계적인 축구 스트라이커로 명성을 얻었다. 2002년 한일 월드컵에도 출전하여 우리에게도 낯익은 선수다.

하지만 실바는 2006년 9월 수도인 몬테비데오(Montevideo)에서 교통사고를 당했고 의료진 5명이 투입되어 3시간 30분에 걸친 대수술을 받았다. 수술 끝에 그는 오른쪽 다리를 절단하는 큰 부상을 입게 되었다. 축구는 물론 평생 걷기도 힘들 것이라는 암울한 상황 속에서 누군가 조심스럽게 심경을 물었다. 그러나 그의 답변은 놀라운 반전이었다. 처음 다리를 절단해야 한다는 의사의 말을 들었을 때는 죽고 싶었다고 했다. 그러나 마음을 고쳐먹자 불행 중에도 감사할 것들이 생각났다. 그는 "축구 인생 초기에 이런 비극이 발생하지 않아 신에게 감사하다"라는 말을 남겼다. "만약 20살 전후에 사고가 일어났었더라면", "유럽으로 진출하기 전에 이런 일이 일어났다면" 그의 인생은 훨씬 더 힘들었을 것이라는 생각이 불현듯 떠올랐기 때문이다.

'감사'의 마음이 들자 실바는 다시 일어설 수 있는 용기를 갖게 되었고 2009년 1월에는 자국에서 열린 자선 경기에 출전하여 2년 반 만에 그라운드를 밟았다. 그는 생체 의족을 이용해 페널티킥에 성공하기도 했다. 실바는 '포기'라는 말을 포기한 대신 그가 가지고 있는 "두 팔"에 감사하면서 카누 선수로 데뷔해 새로운 길을 가고 있다.

삶의 전환점에서는 '지금까지'보다 '앞으로 어떻게'가 더 중요하다. 여행자는 스스로 길을 걷지만 방랑자는 길이 대신 걷고, 야생마는 생각하기 위해 길을 멈추지만 경주마는 달리기 위해 생각을 멈춘다. 살짝 변화만 주는 것이 아니라 또 다른 차원의 기회라고 생각하고 주도적이고 우호적으로 활용한다면 그 길은 볼거리가 많은 또 하나의 선물이 될 것이다. 그러니 지금의 위치에 우울해하거나 우쭐해하는 것은 큰 착각에 사로잡힌 것이다. 위를 쳐다보고 옆을 보면 울화가 치밀지만 다들 찰나의 옷걸이들이다. 주인이 거둬 가면 앙상한 옷걸이일 뿐인데 잠시 걸친 옷을 자신으로 착각한다.

'성공'이란 최고의 자리를 차지하는 것도, 큰돈을 버는 것도, 대단한 명예를 얻는 것도 아니다. 그 자리에 있을 때 내가 기쁘고 떠날 때 동료들에게 약간의 섭섭함을 남기는 것, 그것이 성공이고 스스로의 행복한 성장이다. 있는 곳을 사랑하고 하는 일에서 의미를 찾아야 기회의 보상을 기대할 수 있다.

그리고 성공을 위해 필요한 '용기'란 것도 대단하지 않다. 다시 일어서는 것 그래서 또 시작하는 것이다. 나 또한 그동안 손때 묻은 곳을 뒤로하고 새 길을 나서야 한다. 그 길에 지워진 짐을 온전히 지고 만나는 사람과 주어지는 시간을 더욱 소중히 여기며 내게 주어진 일들을 사랑하는 것이 용기 있는 사람이다.

시편의 기자가 말했다.

"내게 줄로 재어 준 구역은 아름다운 곳에 있음이여 나의 기업이 실로 아름답도다"

슬픔에의 위안

명심하라.
하늘은 결코 인간에게 견딜 수 없는 슬픔을 주지 않는다는 사실을.

윌리엄 사파이어(William Safire, 언론인)

스탕달(Stendha)의 『연애론』에 나오는 단어 가운데 아직도 뇌리에 선명한 것이 있으니 바로 '결정작용(crystallization)'이다. 잘츠부르크(Salzburg)의 소금광산 깊은 곳에 잎이 떨어진 나뭇가지를 던져두고 몇 달 뒤에 꺼내 보면, 나뭇가지는 온통 반짝이는 소금 결정으로 덮여 수정처럼 아름답게 빛나는데 연애에 빠진 남녀관계가 이와 유사한 과정을 밟는다는 것이다. 눈에 콩깍지가 끼는 모양새다.

'옥오지애(屋烏之愛)'라는 말이 있다. 사람을 좋아하게 되면 그 사람이 사는 집 지붕 위에 앉은 까마귀도 사랑스럽게 보인다는 뜻이다. 아내가 예쁘면 처가의 말뚝도 예쁘게 보이는 것처럼 연애에 빠지면 곰보 자국도 다이아몬드처럼 보인다. 사랑할 때는 눈에 뭐가 씌워도 단단히 씌웠다고들 하면서 먼 훗날 한탄을 하는 경우가 있다. 하지만 '아! 그때는 착각이었다' 할지라도 살아가면서 그런 가슴 뛰는 날이 얼마나 되겠는가?

축구도 그렇다. 우리 선수의 태클은 절묘한 기술이지만 상대편 반칙은 늘 퇴장감으로만 보인다. 말이 '응원'이지 그것은 이기적 유전자(Selfish Gene)들의 '결정작용'을 넘어 '국뽕', 즉 국가적 최면상태라는 말이 더 어울릴지도 모르겠다. 2002년 월드컵 축구의 4강 신화라는 대망의 꿈을 실현하여 이제는 의연할 때도 되었는데 월드컵 휘슬이 울리는 날은 어김없이 참을 수 없는 열기로 나라가 다시 뜨거워진다.

하지만 2014년의 우리는 매우 조심스러웠다. "우는 자와 함께 울고 즐거워하는 자와 함께 즐거워하라"는 격문처럼 당시 대한민국에는 '세월호'라는 더디고 무거운 상흔이 온 나라를 덮쳤고 정치, 경제, 사회 등 전 분야에 걸쳐 참담하고 암울했기 때문이다. 그래서일까? 중간고사 때만 되면 영화관에 가고 싶고, 날 받아두면 딴 데 신경 쓰이는 것처럼 조심스러웠지만 월드컵에 푹 빠지고 싶었다. 어느 것 하나 시원한 소식이 없었기에 희망의 젊은 용사들의 브라주카(Brazuca, 브라질 월드컵 공인구) 한 방에서 위안을 얻으려 했는지 모른다. 그래서 브라질과 정반대의 시차임에도 사람들은 새벽 출근길부터 거리로 나섰고 TV 앞에 모여 응원했다.

하지만 보람도 없이 러시아와 1-1 무승부, 알제리에 2-4 패, 벨기에에 0-1 패, 통산 1무 2패라는 초라한 성적표를 받았고 프랑스 월드컵 이후 16년 만에 1승도 거두지 못한 채 쓸쓸히 귀환했다. 그런데 이상하게도 다른 팀의 경기를 보고 있자니 마음이 편해졌다. 어찌 된 일인지 다른 나라 응원단의 환호성이 들렸고, 선수들의 기량에 나도 모르게 박수치곤 했다. 빠르게 달리면 보이지 않는 것들이 신호등 앞에 멈춰 서면 비로소 보이는 것처럼 승리지상주의나 무조건 열심히 뛰는 모습이 아닌 즐기는 것, 보이지 않는 것들을 볼 수 있는 여유가 소중하게 느껴졌다.

'일상으로의 회복'은 가장 손쉽고도 상식적인 일이지만 매우 힘들고 그래서 더 절실하다. 일시적으로 국가적 사고와 시행착오의 아픔을 겪을 때가 생기곤 한다. 그럼에도 불구하고 각 민족 특유의 '끈기'와 '역동성'의 자산은 상처받지 않는다.

2015년 11월 13일, 프랑스 파리에서 이슬람 수니파 무장단체 IS가 대규모 연쇄 테러를 일으켜 희생된 사망자 수만 하더라도 130여 명에 이르는 충격적인 사건이 발생했다. 전 세계가 분노와 공포로 뒤섞였다. 그러나 그 진원지가 파리라는 사실이 알려졌을 때, 시민들은 카페 테라스로 나갔다. 자유와 평화를 위협하는 누군가를 조롱하듯 빵을 먹고 커피를 마시며 서로의 일상을 이야기한 것이다. 세계의 유수 언론들은 테러 위협에 대처하는 파리 시민들의 모습을 "나는 테라스에 있다"고 요약했다. 대화는 분명 어둡고 슬픈 내용이었지만 "그들이 무너뜨리려 한 것은 우리 삶의 방식이었고 파리의 정체성과 문화였으며 더불어 사는 행복이었다"면서 이에 대항했다.

　비슷한 양상은 9·11 테러 사나흘 뒤부터 미국에서도 감지되었다. 그들은 슬픔과 분노를 안고 집안에 틀어박혀 있기보다는 뉴욕 쌍둥이 빌딩이 있던 주변, 워싱턴 펜타곤 가까운 식당과 카페 테이블에 앉아 커피를 마시며 일상을 되찾으려고 안간힘을 썼다.

　한국 축구만 보더라도 그랬다. 2001년 거스 히딩크(Guus Hiddink) 감독이 한국 축구를 이끌 때 한국은 오스트리아 잘츠부르크 레드불 아레나(Red Bull Arena)에서 열린 스페인과의 평가전에서 1-6으로 패했다. 2002년 한일 월드컵을 앞두고 유럽의 강팀과 평가전을 치렀을 때도 티에리 앙리와 지네딘 지단(Zinedine Zidane) 등 주축 선수들이 출전하지 않은 프랑스에 5-0으로 패했고 체코에도 5-0으로 패했다. 그때의 별명이 바로 오대영(5:0)이었다. 그러나 본선에서 우리 축구는 4강 신화의 신기원을 이뤘다. 상징과도 같은 '투지'와 '승부 근성'이 발동되었기 때문이다. 그런 나라, 그런 우리라면 또 하나의 도전 앞에 벅찬 출발을 할 수 있을 것이다. 이것은 우리가 일상에서 다시 신발 끈을 매야 하는 이유이기도 하다. 그리고 2018 러시아 월드컵은 또 다른 위안이 될지도 모른다.

Epilogue

아브라카다브라

아브라카다브라(Abracadabra)는 아람어 '이루어지라(Abra)'와 '내가 말한 대로(Cadabra)'에서 나온 것으로 '내가 말한 대로 될지어다'라는 뜻이다. 중세시대에 열병을 다스리기 위해 사용했던 주문으로 후일 마술사들이 사용했다 하여 '마술사들의 주문'으로도 알려져 있다.

스포츠에는 잘 알려진 징크스들이 있다. 시카고 컵스(Chicago Cubs)는 시카고를 연고지로 1870년 창단된 메이저리그 야구팀이다. 컵스에는 '염소의 저주'라는 믿기 힘든 징크스가 있었다. 1945년 컵스는 디트로이트 타이거스(Detroit Tigers)와 월드시리즈 4차전을 앞두고 있었다. 컵스의 광팬이었던 빌리 사이어니스(Billy Sianis)는 염소를 끌고 리글리 필드(Wrigley Field) 홈구장을 찾았다. 그러나 염소의 악취가 관중들에게 방해가 된다며 입장을 저지당했다. 상심한 그는 울분을 참지 못하고 독설을 뱉었다.

"리글리 필드에 염소가 허용되지 않는 한 컵스는 다시는 월드시리즈에서 우승하지 못할 것이다."

1907년과 1908년 2년 연속으로 월드시리즈를 제패했던 컵스는 이후 정말 우승하지 못했고 2015년에는 저주가 풀릴 것 같은 희망이 보이기도 했다. 1989년 개봉된 영화 '백 투더 퓨처2'에서 2015년으로 미래 여행하는 장면이 나온다. 여기서 컵스가 월드시리즈 우승을 차지한 것으로 묘사되어 한때 기대를 갖기도 했다. 시카고 컵스는 리글리 필드에서 열린 뉴욕 메츠와의 내셔널리그 챔피언십 시리즈에서 희망의 씨앗을 심었다. 하지만 7전 4승제 게임에서 4연패를 당해 승리는 물거품이 되어버렸다.

그러나 '지성이면 감천'이란 말은 동서양을 막론하는 듯하다. 1908년 이후 무려 108년만인 2016년, 시카고 컵스는 염소의 저주를 풀었다. 1승

3패로 밀리던 월드시리즈에서 전세를 역전시켜 감동이 더 강렬했다. AP 통신도 '2016년의 스포츠 스토리'로 컵스의 월드시리즈 우승을 꼽았을 정도였다.

글씨가 글의 씨앗이듯 맘에도 뿌리가 있다. 그것이 바로 '맘씨'고 '심보'고 '심술'이다. 좋은 마음이 쌓여 믿음이 되고 선한 믿음에는 치유의 능력이 있다. 그렇기에 예수님도 맹인의 눈을 만지시며 "너희 믿음대로 되라"하셨다.

"말한 대로 이루어진다"는 믿음이 굳어진다면 자연히 "말 한마디에 천 냥 빚을 갚는다"는 옛말처럼 우리는 선한 말을 사용하게 될 것이다. 라틴어 단어 중에 '베네딕시오(Benedictio)'라는 말이 있다. 어원을 풀이하자면 "좋게, 잘(Bene)"이라는 접두어와 "말하다(Dicree)"라는 동사의 합성어로 상대방에게 좋게 말하는 축복의 의미를 담고 있다.

반대말은 '말디시오'(Maldictio)로 '저주'라는 의미를 담고 있다. 구약성경에 보면 모세가 종살이하던 이스라엘 백성을 젖과 꿀이 흐르는 가나안 땅으로 인도하는 과정이 등장한다. 홍해를 건너 광야로 들어가자 이스라엘 백성들은 차라리 이집트 땅에서 종살이했던 때가 더 좋았다며 모세를 향해 심한 원망을 퍼붓는다. 역사가 한참 흐른 뒤에 사회심리학자 에리히 프롬(Erich Fromm)은 그의 저서 『자유로부터의 도피』에서 오랜 역사 동안 자유를 얻기 위해 싸워 온 인간들이 자유를 포기하고 도망가려는 이율배반적인 경향이 있다며 적나라하게 꼬집었다. 이스라엘 회중의 끝없는 원망에 대해 하나님은 엄중하게 선언한다.

"너희 말이 내 귀에 들린 대로 내가 너희에게 행하리니(민수기 14장 28절)"

좋은 칭찬이나 덕담은 나이나 신분과 상관없다. 내가 신학교 졸업반이었을 때 현장에서 목회를 하시던 교수님 한 분은 늘 수업이 끝날 때마다 서로를 위해 기도하는 시간을 갖도록 하셨다. 나는 지금도 마지막 수업 때 교수님이 나를 위해 해주신 기도를 똑똑히 기억한다. 그분은 쉰을 넘긴 늙은 학생에게 선명하고도 똑똑한 어투로 "시냇가에 심은 나무(시편 1편 3절)"라고 빗대셨다. 그 순간 정말 내가 시냇가의 심은 마르지 않은 나무처럼 좋은 열매를 맺을 수 있을 것이라는 믿음이 생겼다.

나는 학생들과 수업을 할 때면 매번 "이번 주에 나누고 싶은 좋은 일이 있는 사람?"하고 묻는다. 처음에는 주저하다가 아무렇게나 이야기하는 학생에게 대뜸 선물을 주자 이제는 아주 자연스럽게 학생들의 좋은 일로 수업의 포문을 연다. 한번은 한 학생이 다가와 이런 말을 건넸다.

"처음에는 힘들고 아무런 생각 없이 하루하루를 보냈는데 교수님 시간에는 억지로라도 좋은 소식이나 기억을 떠올려야 했기 때문에 어느 순간부터 제게도 좋은 일들이 점점 많아졌습니다."

피니시블로

복싱에서 마무리를 하는 끝내기 주먹을 '피니시블로(Finish Blow, 결정타)'라고 한다. 어느 모임에 유명한 성악가가 와서 같이 노래를 부를 기회가 있었다. 그의 목소리는 울림도 음역대도 남달랐다. 그러나 가장 인상적인 것은 호흡이었다. 보통 사람은 숨이 차서 바로 끝내버리는데 성악가는 보통 사람에 비해 한 박자 이상의 긴 호흡으로 마무리했다.

여느 해나 마찬가지로 한해의 마지막에는 '다사다난'이라는 수사를 자주 사용한다. 종착점에 이르러 허둥대다가는 정작 중요한 것들을 놓치기 쉽다. 붉은 노을이 곱고, 만추의 낙엽이 아름다운 것은 그 마무리가 감동적이기 때문이다. 그렇다고 아름다운 마무리를 위해 지나치게 애쓸 필요는 없다. 주어진 범위와 역할 그리고 능력 안에서 최선을 다하는 것이 더 중요하다.

'로맹 가리(Romain Gary)의 오렌지'라는 이야기가 있다. 두 손으로 6개의 오렌지를 번갈아 공중에 던지는 곡예를 하던 로맹 가리란 사람의 이야기다. 여섯 개의 오렌지를 돌리는 모습을 보고 사람들은 다들 그의 실력에 감탄했지만 그는 늘 '7번째 오렌지'를 꿈꿨다. 하나의 오렌지만 더하면 어머니는 물론 모든 이에게 즐거움을 선사하고 완벽해질 것 같았다. 그러나 매번 시도할 때마다 실패를 거듭했다. 어느 날 그는 자신에게 주어진 6개의 오렌지에 만족하고 최선을 다하는 것이 더 소중한 인생이라는 사실을 깨달았다. 7개의 오렌지로 곡예를 하면 완벽한 인생인가? 어느 순간 그는 8번째 오렌지를 향한 갈망으로 괴로웠을 것이다.

Show yourself as a Star

'해거름'이라는 아름다운 우리말이 있다. 기운차고 찬란하게 돋는 아침 해와는 달리 종일 대지를 달군 해가 서쪽으로 기우는 때를 가리킨다. '해'와 '거르다'가 결합한 말에서 연상되듯 바쁜 하루 가운데 뭔가 한 일도 없이 건너뛰듯 지나가 버린 것에 대한 아쉬움이 묻어나는 단어이기도

하다. 그래서인지 해거름은 '석양'이라고 하기에는 느리고 '밤'이라고 부르기에는 너무 이른 어중간한 시간이다. 직장에서 종일을 보낸 회사원이나 뙤약볕에서 하루를 일한 농부, 학교에서 골몰한 학생할 것 없이 이 시간 때쯤이면 8할은 일과를 마친 상태다. 하지만 집으로 곧장 가기엔 뭔가를 거르는 상태, 그렇다. 옆으로 새기에 딱 알맞은 시간이다.

'미네르바(Minerva)의 올빼미'라는 말이 있다. 미네르바는 고대 로마신화에 나오는 지혜의 여신인데 황혼 녘 산책을 즐기면서 그때마다 부엉이를 데리고 다닌다고 한다. 독일 철학자 헤겔(Georg W. F. Hegel)이 이 장면을 연상하여 그의 저서 『법철학』의 서문에 "미네르바의 올빼미는 어두움이 내리는 황혼 녘에 비로소 날개를 편다"라고 써서 더욱 유명해졌다.

언제부턴가 이런 황혼 녘에 별밤 걷기모임이 생겼다. 어제와 내일의 불안한 접점, 낮과 밤의 숨 가쁜 교차점에서 퇴근길의 직장인들이 삼삼오오 모인다. 밤길을 걸으면 사람들 얼굴들이 적나라하게 드러나지 않아서 좋다. 단지 스치는 바람을 동무 삼고 하늘의 별을 보고 길을 걷는 것이다.

시인의 표현대로 지금 "계절이 지나가는 하늘에는 가을로 가득"하다. 그 가을밤에는 별을 다 헤일 듯하지만 요즘 하늘은 쉽게 별을 내주지 않는다. 칠흑 같은 밤하늘에 머리를 짓누를 것 같은 주먹 같은 별 말이다. 은둔의 나라 부탄, 알퐁스 도데(Alphonse Daudet)의 『별』의 무대인 알프스 산기슭, 일본의 문화유산 합장촌(合掌村) 골짜기에서 그런 별을 찾으려 했으나 날씨, 공기, 달빛이 따라주지 않아 보지 못했다.

문득 하늘의 별보다 더 밝고 더 빛나며 더 화려한 도심 불빛 사이를 걷다고 생각을 고쳤다. 하나님 나라는 이곳도 저곳도 아닌 바로 우리의 마음에 있다는 예수님 가르침대로 '그런 별은 여기도 저기도 없다. 별은 바로 내 가슴에 있다'고 말이다.

한번은 소리꾼 장사익 선생이 체험적 이야기를 들려줬다. 새벽 미명에 일어나 소리 연습을 하면서 매일 새벽 별을 보노라니 어느덧 자신이 별이 되었다고 했다. 그러니 애써 하늘의 별을 찾지 말라. 힘써 네가 별이 되라.

삶의 응원가

스포츠에 감동하고 스포츠를 즐기는 이유 가운데 하나는 우리가 땀의 진정한 가치를 느낄 수 있으며 스포츠가 우리들의 삶에 용기와 희망을 주는 응원가가 되기 때문이다.

2015년 여름, 몸무게 260kg의 초고도 비만 남성인 에릭 하이츠(Eric Hites)는 미국 횡단을 계획했다. 마흔 살의 에릭은 5년 전 만 해도 체중이 100kg 안팎이었으나 몸무게가 점차 늘어 260kg에 달했다. 피자 배달원과 바텐더로 일하던 직장에서 해고당하고 삶의 희망이던 아내마저 다른 남자와 떠나자 그는 자신의 인생이 바닥을 쳤다고 느꼈다. 집 안에 틀어박혀 폐인처럼 지내던 그를 일으켜 세운 것은 우연한 계기였다. 어느날 그는 더 프로클레이머스(The Proclaimers)의 'I'm Gonna Be(500 Miles)'라는 노래를 듣게 되었다. 그리고 그 가사가 그의 마음을 움켜잡았다.

당신과 함께 집에 돌아올 거라는 것이라오. 난 500마일을 걸
어갈 거예요. 그리고 500마일을 더 걸어서 1,000마일을 걸어
당신의 문 앞에 쓰러지는 남자가 될 거예요.

사랑하는 사람을 위해 500마일(804km)이라도 걸어갈 수 있다는 노래 가
사를 듣고 자신도 떠난 여인을 위해 온몸을 던지는 모습을 보여주기로
결심했다. 친구에게서 17달러를 주고 산 중고 산악자전거를 타고 시험
삼아 달렸지만 처음에는 100m도 못 미쳐 숨이 찼다. 그래도 아내에게 전
화를 걸어 자전거 횡단계획을 알렸고 그녀의 시큰둥한 반응에도 불구하
고 혼자 준비해 매사추세츠에서 횡단을 시작했다.

그는 '뚱보가 미국을 횡단합니다(Fat Guy Across America)'라는 블로그를 만
들어 여정을 기록했고 3개월이 되던 날 31kg이 빠졌다. 그리고 뉴욕 브

롱크스(Bronx)에서 아내를 만났다. 아내는 죽음을 각오하고 미국 횡단에 도전한 남편의 모습에 감동하여 자전거 횡단에 동참하기 위해 찾아온 것이다. 어쩌면 스포츠라는 콘텐츠를 매개로 글을 쓰는 나 역시 누군가에게 아직 사그라지지 않은 나의 저력을 보여 주고 싶었는지도 모르겠다.

전설적인 복서 무하마드 알리는 이런 말을 남겼다.

"챔피언은 체육관에서 만들어지지 않는다. 챔피언은 그들의 마음 깊은 곳에 있는 그 어떤 것으로 만들어진다. 열망, 꿈, 비전이 바로 그것이다."

32세라는 많은 나이에 챔피언 벨트를 탈환했던 알리는 누구보다도 노력의 중요성을 잘 아는 선수였다.

당신은 스포츠를 통해 무엇을 발견하고 무엇을 보여주려 하는가? 인생의 타석에서 당신은 지금 어떤 심정인가? 스포츠는 그 답을 준비하고 있을지 모른다. 스포츠가 내포하고 있는 공정하고 정의로운 가치로 삶을 살아간다면 우리는 더 잘 살 수 있을 것이다. 그것은 경기장 너머 울리는 응원가이기 때문이다.